从想法到

农产品直播带货实务

李帅　林兮◎著

西南大学出版社
国家一级出版社　全国百佳图书出版单位

图书在版编目(CIP)数据

农产品直播带货实务 / 李帅, 林兮著. -- 重庆：西南大学出版社, 2024.6. --（从想法到落地：乡村振兴系列丛书）. -- ISBN 978-7-5697-2421-9

Ⅰ.F724.72

中国国家版本馆CIP数据核字第2024YP5461号

农产品直播带货实务
NONGCHANPIN ZHIBO DAIHUO SHIWU

李帅　林兮　著

责任编辑	刘　平
责任校对	李　勇
特约校对	吴几珂
装帧设计	闻江文化
排　　版	陈智慧
出版发行	西南大学出版社（原西南师范大学出版社）
	地址：重庆市北碚区天生路2号
	邮编：400715
	电话：023-68868624
印　　刷	重庆亘鑫印务有限公司
成品尺寸	170 mm×240 mm
印　　张	9.5
字　　数	153千字
版　　次	2024年6月　第1版
印　　次	2024年12月　第2次印刷
书　　号	ISBN 978-7-5697-2421-9
定　　价	38.00元

从想法到落地——乡村振兴系列丛书

顾 问
张跃光

主 审
孙 敏　双海军　肖亚成　张 雄

丛书策划
杨 璟　唐湘晖　韩 亮　赵 静
孙 磊　孙宝刚　黄代銮　黄 微

前言

PREFACE

  农产品直播带货是随着新媒体传播能力增强、直播行业和技术日渐成熟,以及电子支付和电商平台蓬勃发展所带来的农业产品销售新手段。农产品直播带货的逐渐兴起标志着直播带货行业的影响力进一步扩大,也意味着购买农产品的消费者也通过农产品直播带货改变了自身消费环境和消费习惯。农产品是人们生活当中不可或缺的商品类型之一,相较于实体交易方式,直播带货方式大大拓宽了农产品选择的种类和范围,而相较于其他电商交易方式又增加了农产品购买体验的直观性和生动性。因此,尽管农产品直播带货目前还处于发展的早期阶段,但对于国民生活的影响却远比现阶段表现出来的要深远得多。

  21世纪以来,从"新农村建设"到"乡村振兴"战略,国家不断推进对农业的发展,对农村的改革,以及对农民生活水平的提升。农产品直播带货的兴起使得农产品销售拥有了更为广阔、更为现代化的渠道,为农村发展和农业产出提供了有效的销售渠道,有利于巩固"三农"问题的相关建设成果。可以说,农产品直播带货所带来的农产品销售环境变化,助推了当今时代背景下"乡村振兴"战略的发展。

当下，农产品直播带货有着多元化的发展状态，以及未来更为丰富繁荣的发展可能性，但同样存在着政策和监管机制需要完善，直播发展需要进一步突破新媒体技术瓶颈，对物流行业依赖性强，产品保鲜缺乏有效方法等各方面的困境与挑战。此外，由于直播带货在推广、传播方面行业门槛较低，与传统的传播形式和渠道相比存在很多不成熟的地方，农产品直播带货无论是营销的策略方式、品牌的打造经营，还是直播的影像构建、主播的能力素养，都与传统媒体或是新媒体的其他销售形式存在着明显差距。因此这是一个拥有巨大发展潜力，而又需要不断优化的行业领域。

本书由李帅、林兮组织撰写，在商议确定思路并拟定提纲后，由团队分工参与完成撰写。各部分分工如下，第一章：查坤；第二章：党锐；第三章：曹艺凡；第四章：李帅；第五章：林兮；第六章：林兮、李帅。李帅主要负责全书统稿工作。本书是编写团队集体智慧的产物，旨在对农产品直播带货的发展历程和现状进行梳理，针对农产品直播带货的商业模式、营销模式、主播素养、影像构建、效果评估等方面进行分析，解读农产品直播带货各方面的优缺点，探讨农产品直播带货各个环节的最优手段，以及展望农产品直播带货未来的发展变化趋势。

该丛书汇集了重庆人文科技学院乡村振兴学院项目研究、实践教学、产教融合、社会服务、学科竞赛等成果。本书也是重庆市2022年高等教育教学改革研究项目《OBE理念下戏剧与影视学专业实践类课程阶段式协作教学改革研究》(项目编号:223443)的研究成果之一。我们感谢所有读者对本书的关注和支持，并期待在农产品直播带货的道路上与你们并肩而行，共同开创更加美好的未来。希望通过我们的共同努力，农产品直播带货将成为推动农业现代化和乡村振兴的重要力量，为实现农村全面发展和农民持续增收作出积极贡献。

编者

2024年3月

目录

第一章
农产品直播带货概述　　001

第一节　农产品直播带货的定义和背景 …………002

第二节　农产品直播带货的发展历程 …………011

第三节　农产品直播带货的现状 …………016

第四节　农产品直播带货的优势 …………024

第五节　农产品直播带货面临的困境和挑战 ………027

第二章
农产品直播带货的商业模式　　029

第一节　农产品直播带货的商业模式概述 …………030

第二节　农产品直播带货的盈利模式 …………037

第三节　农产品直播带货的产业链分析 …………041

第三章
农产品直播带货的营销模式　　045

第一节　农产品直播带货的市场定位与目标客户分析…046

第二节　农产品直播带货的营销手段与技巧…………058

第三节　农产品直播带货的营销案例分析……………068

第四章
农产品直播带货的主播素养　　　　　　**073**

第一节　农产品直播带货的主播特征……………………074

第二节　农产品直播带货的主播能力构成………………086

第五章
农产品直播带货的影像构建　　　　　　**105**

第一节　农产品直播带货的影像特征……………………106

第二节　农产品直播带货的场景设置……………………117

第三节　农产品直播带货的镜头运用……………………125

第六章
农产品直播带货的效果评估与优化　　　**131**

第一节　农产品直播带货效果评估方法…………………132

第二节　数据分析与优化策略的制定……………………135

第三节　农产品直播带货的未来展望与趋势分析………139

第一章
农产品直播带货概述

- 农产品直播带货的定义和背景
- 农产品直播带货的发展历程
- 农产品直播带货的现状
- 农产品直播带货的优势
- 农产品直播带货面临的困境和挑战

第一节
农产品直播带货的定义和背景

一、农产品直播带货的定义

农产品直播带货是指通过互联网直播平台，农产品生产者、销售商或相关从业者通过实时视频直播的方式，展示农产品的生产过程、品质特点、营养价值等信息，同时与观众互动，进行产品推介、销售和交流的一种营销模式。这种模式的目的是通过直播形式，将农产品直接推送给消费者，促使观众在直播过程中进行购买，从而实现农产品的销售。

在农产品直播带货中，主播通常会介绍农产品的种植、养殖、采摘等过程，展示产品的新鲜、安全、独特之处，同时提供购买链接或二维码，使观众可以直接在线购买产品。观众可以通过直播平台的弹幕或评论区提问、互动，增加用户参与感，建立品牌信任度，提高销售转化率。

这种营销方式充分利用了直播的实时性、互动性和信息传递性的优势，为农产品的销售提供了一种新的渠道，同时也能够加强生产者与消费者之间的沟通，提高农产品的知名度和市场份额。

二、农产品直播带货的背景

农产品直播带货兴起有多个方面的动因，主要体现在以下方面。

1.农业产业现代化

农业产业现代化是指在农业领域引入先进的科技、管理和生产手段,以提高农业生产效率、增加农产品附加值、优化资源利用,从而推动整个农业产业的升级和转型。这一概念涉及多个方面的现代化发展,包括技术、管理、市场和社会层面。其主要特征和目标包括以下方面。

(1)科技应用:引入先进的农业技术,如精准农业、遥感技术、基因工程、信息技术等,以提高生产效率、减少资源浪费,确保农业生产的可持续性。

(2)机械化和自动化:大力推动农业机械化和自动化,包括农机具的广泛应用、无人机在农业生产中的使用,以提高农业生产效益、降低生产成本。

(3)农业管理和规模经营:推动规模化经营,提高农业生产组织和管理水平,采用现代企业管理方法,增强农业产业链的整体效益。

(4)市场导向和营销:强调市场导向,根据市场需求调整农产品的品种、数量和质量,注重品牌建设,加强农产品的市场竞争力。

(5)可持续发展:强调生态、环保和社会可持续性,避免过度开发和对自然资源的过度消耗,推动农业与生态环境的协调发展。

(6)农业科研和教育培训:加强农业科研,推动创新,培养农业科技人才,提高农民的科技水平和管理水平。

农业产业现代化的目标是通过科技和管理手段的不断引入,提高农业效益、降低成本、增加农民收入,促进农村经济的繁荣和农业结构的优化升级。这有助于促进农业现代化、农村现代化和农民现代化的深度融合,实现三者的有机统一。

2.农产品品牌化和溯源需求

农产品品牌化和溯源需求是现代农业产业发展中的两个重要方面,它们反映了消费者对食品质量和安全的关切,同时也是农业现代化的一个重要目标。下面对这两个概念进行更详细的解释。

(1)农产品品牌化

定义:农产品品牌化是指农产品通过建立独特的标识、形象和声誉,形成具有辨识度和信任度的品牌。这包括了品牌名称、标志、包装、宣传等多个方面。

动因：消费者对品质、口感、营养价值等方面的需求逐渐提升，他们更加关注产品的来源和生产过程。通过建立农产品品牌，生产者能够更好地向消费者传递产品的独特价值、质量标准和特色。

益处：农产品品牌化有助于提高产品的附加值，提升市场竞争力，增加消费者对产品的认同感。品牌化还能够帮助建立农产品的市场声誉，使其在市场中更具吸引力。

（2）农产品溯源需求

定义：溯源是指通过技术手段，追踪和记录产品从生产到销售的全过程，以确保产品的质量、安全和合规性。在农业领域，溯源通常包括了生产地、生产时间、生产工艺、运输等相关信息。

动因：食品安全问题引起了广泛关注，消费者对食品的安全性和可追溯性提出了更高要求。溯源系统能够提升透明度，让消费者了解产品的真实情况，有助于建立信任关系。

益处：溯源系统有助于提高农产品的安全性，及时发现和解决问题。对于消费者而言，了解产品的溯源信息可以增加信任，使其更加愿意购买并消费有追溯体系的产品。

农产品品牌化与溯源需求是现代农业产业发展的重要方向，有助于提升产品附加值、确保产品质量和安全性，同时也满足了消费者对于信息透明度和品质保障的需求。这两个方面的发展有助于推动整个农业产业向现代化和可持续的方向发展。

3.电商和物流发展

电商和物流发展在农产品直播带货背景下起到了关键的推动作用，它们为直播带货提供了有效的平台和支持，促进了农产品的销售和流通。

（1）电商发展

在线销售平台：电商平台如淘宝、京东、天猫等，为农产品生产者和直播主提供了广阔的线上销售渠道,他们可以轻松建立自己的店铺,并通过直播方式直接向消费者展示和推销产品。

线上支付和结算:电商平台的支付系统使得在线购物变得更加便捷,同时提供了安全可靠的支付手段,促使了更多消费者购买直播带货的产品。

数据分析和精准营销:电商平台通过大数据分析消费者行为,可以提供个性化的商品推荐,帮助直播主更精准地满足不同消费者的需求,提升其购物体验。

政策支持:一些地方政府为了促进电商发展和农产品销售,出台了一系列政策,例如支持电商平台搭建、采取优惠税收政策等,为农产品直播带货提供了政策支持。

(2)物流发展

快递服务:随着电商的发展,物流行业也得到了迅猛发展。各类快递公司提供了高效、便捷的配送服务,确保了农产品从生产地迅速送达消费者手中。

冷链物流:针对生鲜农产品,冷链物流的发展使得这些产品能够在配送过程中保持新鲜度,提高了远程销售的可行性,满足了更广泛的市场需求。

仓储和库存管理:先进的仓储技术和物流管理系统,使得农产品能够更精准地配送到消费者手中,减少了库存积压和物流拥堵问题。

末端配送服务:针对最后一公里的配送问题,一些新型的末端配送服务不断涌现,如社区团购、共享物流站等,提升了城市居民接收农产品的便利性。

电商和物流的发展为农产品直播带货提供了完整的商业生态系统,让生产者、直播主和消费者之间的联系更加紧密,同时也提高了农产品的市场覆盖率和销售效率。

4.5G技术的应用

5G技术的普及促进了网络速度的大幅提升和网络延迟的显著降低,从而有力支撑了高质量视频直播的应用。5G为农产品直播带货领域注入了强大的技术动力,让消费者能够更流畅地观看实时的、高清的农场画面。这不仅提升了消费者的购物体验,也为农产品直播带货行业带来了更广阔的发展空间。

(1)高清视频传输

5G技术提供更大的带宽和更低的延迟,使得农产品直播能够以更高清晰度和更流畅的方式进行传输。高清视频带来更生动、真实的农场画面,增强了用户的观看体验。

(2)实时互动和评论

5G网络的低延迟特性使得观众在直播过程中可以实时参与互动,进行即时的评论、提问和反馈。这种实时互动促进了农产品的实时销售和观众参与感,提升了购物体验。

(3)产品展示和演示

5G网络支持更高效的产品展示和演示,直播主可以更好地展示农产品的特色、质量和生产过程。观众通过高清直播可以更全面地了解农产品,增强对农产品的信任感。

(4)实时支付和购物链接

5G技术提供了更稳定的网络连接,使得观众可以在直播过程中直接点击购物链接或扫描二维码完成实时支付。实时支付和购物链接缩短了购物决策到实际支付的时间,促进了农产品的销售。

(5)多角度直播和虚拟现实体验

利用5G的高带宽特性,直播主可以采用多摄像头多角度展示,提供更全面的农场景象。5G还为虚拟现实体验提供了更大的带宽支持,使观众可以更深度地沉浸在农产品的虚拟现实中。

(6)定位服务和农产品溯源

利用5G的精准定位服务,直播主可以实时展示农产品的生产地点和种植情况。5G技术为农产品提供更精确的溯源信息,满足消费者对产品质量和安全的关切。

(7)社交媒体分享和推广

5G网络的高速传输提供了更便捷的社交媒体分享方式,直播主和观众可以更迅速地分享直播内容,增加产品曝光度。这有助于农产品在社交媒体平台上的推广,扩大受众群体。5G技术的应用为农产品直播带货提供了更高效、更便捷、更丰富的网络基础设施,推动了农产品直播行业的创新和发展。

5.社交媒体的影响

如小红书、抖音、快手、哔哩哔哩等,社交媒体在农产品直播带货中也发挥着重要的作用,对产品推广、品牌建设以及消费者互动产生深远的影响。社交媒体在农产品直播带货中的具体影响包括以下方面。

(1)传播力和曝光度提升

社交媒体平台拥有庞大的用户基础,通过这些平台展示农产品直播,可以迅速传播信息,提高产品的曝光度。用户在社交媒体上分享、转发,形成用户间的口碑传播,进一步扩大产品知名度。

(2)品牌建设和提高认知度

农产品直播通过社交媒体进行品牌建设,建立独特的品牌形象,提高品牌的认知度和可信度。直播主通过在社交媒体上展示自身专业性和对产品的热情,可以增强品牌与消费者之间的情感联结。

(3)实时互动和用户参与

社交媒体平台提供实时的互动功能,观众可以在直播过程中提问、评论,形成用户与直播主之间的互动交流。实时互动增强了观众的参与感,使观众更加容易投入到农产品直播购物体验中。

(4)社交化购物体验

社交媒体和直播形成了社交化购物趋势,观众不仅仅是单纯的消费者,还成为社区中的一部分,分享购物心得,形成社交化的购物体验。直播主可以通过社交媒体平台了解观众的反馈,及时调整直播内容,提升购物满意度。

(5)口碑营销效应

用户在社交媒体上分享使用农产品的体验和评价,形成真实的口碑效应。

口碑传播对于消费者的购买决策有重要影响,有助于建立正面的产品形象和良好信誉。

(6)定向营销和精准推荐

社交媒体平台通过分析用户行为数据,能够实现定向营销,将直播内容和产品推荐更精准地呈现给潜在消费者。个性化推荐系统基于社交媒体平台数据,提供个性化的购物建议,可以提高用户购物体验。

6.直播互动性和即时购物体验

直播带货的互动性吸引了消费者的注意力,观众可以实时提问、互动,形成了一种社交化的购物体验。这种即时的互动性对于决策消费行为产生了积极影响。

(1)直播互动性

实时评论和提问:在直播过程中,观众可以通过实时评论提出问题,直播主可以即时回答,增加了互动性。提问环节能让观众更深入了解产品特性,促进购物决策。

点赞和分享:观众可以通过点赞表达对直播内容的喜好,分享直播链接以帮助拓展观众群体。这种社交互动形式有助于提高直播的曝光度和影响力。

抽奖和互动活动:直播中的抽奖和互动活动增加了观众参与的趣味性,吸引更多的用户参与。这些活动不仅提高了直播的活跃度,同时也为品牌建设和产品销售带来了额外的推动力。

(2)即时购物体验

直播带货链接和二维码:直播主通常会在直播过程中分享购物链接或二维码,观众可以直接点击链接或扫描二维码进入购物页面。这种方式让购物变得更加便捷,观众可以在直播过程中实时浏览和购买产品。

限时特惠和促销活动:直播中经常会推出限时特惠和促销活动,观众在直播期间购买可享受优惠。这种即时的促销策略激发了观众的购物欲望,增加了实时购物的动力。

直播间内的实时支付:部分直播平台提供了直播间内的实时支付功能,观众可以在直播过程中完成支付,无需离开直播页面。这种实时支付的方式缩短了购物决策到实际支付的时间,提高了购物的便捷性。

商品实时展示和演示:直播主会实时展示农产品的特色和使用方法,观众可以通过直播看到真实的产品效果,更直观地做出购买决策。这种实时的产品展示增加了透明度,提升了观众的信任感。

通过直播互动性和即时购物体验,农产品直播带货在促进观众参与、提高购物效率和推动产品销售方面发挥了积极作用。这种互动性和即时性为消费者提供了更有趣、更便捷的购物体验,同时也增加了农产品的市场竞争力。

7.数据分析和个性化推荐

直播带货平台通过对用户行为和喜好的数据分析,实现了个性化的商品推荐。这使得消费者更容易找到符合其口味和需求的农产品,提高了购物的满意度和便捷性。

(1)数据分析

用户行为分析:通过对用户在平台上的浏览、点击、购买等行为进行分析,平台能够了解用户的兴趣、偏好、购物习惯等信息,从而更好地理解用户需求。

趋势和流行分析:分析用户对农产品的关注和购买趋势,发现和把握市场上的新兴产品和潮流,帮助直播主打造更具吸引力的内容,提高销售机会。

实时数据监控:监控直播带货过程中的实时数据,包括观看人数、互动次数、销售情况等,使平台和直播主能够及时调整策略,提高销售。

用户画像建模:借助大数据技术,建立用户画像,综合考虑用户的年龄、地理位置、兴趣爱好等多方面信息,为个性化推荐提供更准确的基础。

(2)个性化推荐

商品推荐系统:基于用户的历史行为和偏好,构建商品推荐系统,向用户推荐其可能感兴趣的农产品。这种个性化的推荐有助于提高用户的购物满意度和转化率。

定制化推荐内容:针对不同用户群体提供定制化的直播内容,包括产品展示、互动环节等。这样的个性化内容更容易引起用户兴趣,增加观看时长和提升购买欲望。

个性化促销活动：根据用户的购物历史和行为，设计个性化的促销活动，如提供折扣、优惠券等，增强用户的购物体验，同时提升促销效果。

即时互动和反馈：通过对用户互动的即时反馈，调整推荐算法，提高个性化推荐的准确性和实时性，进一步提升用户体验。

通过数据分析和个性化推荐，农产品直播带货平台能够更好地满足用户需求，提高用户黏性，同时也能够促进农产品的销售。这种个性化的服务不仅提高了用户满意度，也提高了农产品直播带货的整体效果。总体而言，农产品直播带货的兴起是多个产业链条共同发展的结果，整合了现代农业、科技、电商等多个领域的资源，为农产品销售带来了新的机遇和活力。

第二节
农产品直播带货的发展历程

农产品直播带货起源于2016年,当时农村电商开始快速发展,一些电商平台,如苏宁易购、拼多多开始尝试通过直播方式推广农产品。随着移动互联网的普及和智能设备的普及,农产品直播带货逐渐成为农村电商的重要营销方式。

农产品直播带货的发展历程是一个从无到有,从小到大,从单一到多元化的过程,它既是科技进步的产物,也是社会发展的必然结果。农产品直播带货的发展历程可以从以下几个阶段进行分析。

一、初期试验阶段

在这个阶段,一些农业企业和电商平台开始尝试使用直播技术进行农产品销售。当然,这些尝试相对较为零散,直播形式和技术还不够成熟。在农产品直播带货初期试验阶段,部分企业和平台开始探索这一新型销售模式。

(1)淘宝直播的尝试。淘宝作为中国领先的电商平台,早在2016年就开始尝试农产品直播带货。其主要商业模式为:淘宝引入一些知名主播,通过直播向观众展示农产品的生产过程、特色和质量,同时提供直接购买链接。淘宝直播虽然初期规模较小,但这些尝试为农产品直播带货的未来发展奠定了基础,使得更多电商平台开始关注这一模式。

(2)新农村电商平台的实验。一些新农村电商平台在初期积极探索农产品直播带货,以吸引更多农村产业参与。其主要商业模式为:这些平台尝试在其平台上组织农产品直播,为农民提供在线销售的机会。一些地方政府也提供支持,促进农村电商的发展。新农村电商平台的实验尝试有助于推动农村电商和农产品直播带货的整体发展,促使更多农民和产业参与到数字化销售中。

(3)农业合作社的自主尝试。一些农业合作社或小型农场自主尝试通过社交媒体平台进行农产品直播带货。其主要商业模式为:这些农业合作社或小型农场通常通过自建社交媒体账号,展示他们的农产品,介绍生产过程,并提供直接购买链接。农业合作社虽然规模相对较小,但这些尝试有助于农业合作社建立品牌形象,与潜在客户建立联系,探索直播带货模式的可行性。

这些案例表明,在农产品直播带货初期试验阶段,各方通过不同的尝试,逐步摸索出适合自身情况的商业模式。这一阶段的尝试为后来的农产品直播带货发展提供了宝贵的经验和启示。

二、电商平台引入和试验阶段

随着电商平台的兴起,一些主流电商如淘宝、京东开始引入直播带货功能,这为农产品直播带货提供了更大的舞台。电商平台通过直播增加了产品的互动性,让消费者更直观地了解农产品。

(1)央视新闻联合苏宁易购。央视新闻和苏宁易购合作,共同推出农产品直播带货项目,将央视新闻的影响力与苏宁易购的电商平台的专业性结合起来,实现了农产品直播的规模化推广和销售。成功吸引了大量观众参与,提高了农产品的品牌知名度和销售额。

(2)京东农场。京东农场是京东旗下的农产品直播平台,为农民提供了一个展示和销售农产品的平台。通过提供专业的直播带货服务,京东农场将生产者与消费者直接相连,实现了从农场到用户的直销模式。京东农场上线后,得到了京东平台的大力支持,推动了农产品直播在电商平台上的普及。

(3)优鲜网。优鲜网是一家专注于生鲜食品销售的电商平台,通过直播形式向用户展示其供应链和产品质量。优鲜网通过线上直播展示产品的新鲜程度、来源和加工过程,同时提供线上购物体验。通过直播,优鲜网提高了用户对生鲜产品的信任度,加强了用户与品牌的互动,推动了生鲜食品在线销售的发展。

上述这些案例展示了农产品直播带货在不同平台和行业的成功实践,证明了其在提高农产品销售效果、拓宽市场渠道方面的有效性。这些平台和企业通过专业化的直播内容、精准的目标受众定位以及强大的数字营销策略,成功实现了农产品直播带货的商业化。

三、农民主播崛起阶段

2017—2018年,农产品直播带货主体逐渐由专业主播向农民主播转变。一些农民通过互联网平台,展示自家农产品的生产、加工过程,并通过直播销售产品。这使得消费者更容易建立对农产品的信任感。农民主播的崛起是农产品直播带货领域一个引人注目的趋势,一些农民通过直播平台展示自家农产品,借助个人魅力成功吸引观众,最终实现销售转化。在此发展过程中,也涌现出诸多典型案例。

案例1:苗老板。苗老板是一位来自湖南的农民,通过在短视频平台上进行直播,推广本地农产品,尤其是特色辣椒。苗老板以真实、朴实的形象,搞笑的表演风格,成功赢得了大量粉丝。他直播的内容主要包括农产品生产过程、农产品品质介绍等,吸引了大量观众的关注。苗老板通过直播,带动了湖南辣椒的销售,成为农产品直播带货领域的代表人物之一。

案例2:达人王大厨。达人王大厨是一位湖北的农民主播,以其在农田中亲自动手制作美食的方式,吸引了大量观众。达人王大厨通过展示自家农田产出的原料,结合农产品加工制作,传授农家美食的烹饪技巧。他在直播中注重与观众的互动,分享农田的日常生活。达人王大厨通过独特的农产品烹饪直播形式,成功吸引了大量粉丝,为自家农产品带来了更多曝光和销售机会。

案例3:牛人兄弟。牛人兄弟是一对湖南农民兄弟,以搞笑幽默的表演形式在抖音平台上推广农产品。牛人兄弟通过在其搞笑短视频中巧妙植入农产品,向观众展示家乡的农田、农产品。他们的搞笑短视频在抖音上迅速走红,为农产品带货注入更多娱乐元素,提高了产品在年轻用户中的知名度。

通过展示真实农田生产场景、借助搞笑幽默的表演形式与观众的互动等方式，农民主播成功打破了传统农产品销售的局限，成为农产品直播带货领域的重要推动力量。他们的成功经验也为更多农民参与到农产品直播中提供了启示。

四、平台竞争与商业模式丰富阶段

2018年以后，随着农产品直播的普及，各大电商平台开始竞相推出农产品直播带货功能，并提供更多的优惠政策和支持措施，以吸引更多农民主播参与。同时，一些平台也开始尝试不同的商业模式，如精准直播、定制直播等。

五、行业规模扩大与专业化阶段

在这一阶段，农产品直播带货进入规模扩大和专业化发展的阶段。一些专业团队和机构涌现，专注于为农产品直播提供专业服务，包括摄影、导播、数据分析等。

六、国际化发展阶段

2020年以后，中国的农产品直播带货模式逐渐引起国际关注，一些中国农产品直播主播开始走向国际市场，与电商平台合作，将中国农产品推向国际市场。这一阶段也涌现了一些面向国际市场的专业团队。

（1）阿里巴巴全球购的农产品直播带货。阿里巴巴全球购是一个致力于为海外华人提供中国产品的电商平台，也引入了农产品直播带货功能。通过与国内农产品直播主播合作，阿里巴巴全球购在直播中展示中国特色农产品，解决了国际用户对中国产品的信任问题，促使更多国际消费者购买中国农产品。

（2）中国农产品直播主播在国外社交媒体上的推广。一些中国农产品直播带货主播通过在国外社交媒体平台上进行直播，积极向海外观众推广中国农产品。主播们通过提供英文字幕或者使用英语直播,利用海外的视频平台向国际观众介绍中国独特的农产品,使更多国际消费者了解和购买中国农产品。

上述这些案例突显了中国农产品直播带货产业在国际化方面的专业发展。通过合作国际电商平台、借助社交媒体传播、使用多语言直播等策略,中国农产品直播带货在国际市场上建立了更为专业和可信赖的形象。

伴随着技术、商业模式和市场规模的逐步完善,农产品直播带货经历了从试验阶段到专业化发展的过程。目前,农产品直播带货作为一种数字化营销手段,已经在农业产业中取得了显著的成果。

第三节
农产品直播带货的现状

目前,农产品直播带货已经覆盖了各个领域,包括水果、蔬菜、粮食、肉类、水产等。同时,政府也出台了一系列政策支持农产品直播带货的发展,使其成为推动农村经济发展的重要力量。

农产品直播带货是近年来在中国崛起的一种新型电商模式,它通过实时视频直播的形式,将农产品的生产、加工、销售等过程展示给消费者,同时进行产品的在线销售。这一模式的兴起带来了农业生产与电商的深度融合,为农民增收、提升农产品附加值提供了新途径。以下是对农产品直播带货现状的详细探讨。

一、直播带货快速发展

农产品直播带货在过去几年中经历了快速的发展,成为中国电商领域的一支新兴力量。大量的农产品直播平台涌现,吸引了越来越多的主播、农产品生产者和消费者。

二、电商平台竞争激烈

主流电商平台积极参与到农产品直播带货的竞争中,通过提供更先进的直播技术、更全面的资源支持来争夺市场份额。淘宝、京东等平台纷纷推动直播带货模式发展,促进了农产品直播的广泛传播。

三、多样化的直播内容

农产品直播的内容逐渐多元化,不仅仅限于农产品的展示和销售。一些主播还通过讲解农业知识、分享农村文化、展示农田生态等方式,丰富了观众的体验,提升了直播的吸引力。

(1)生产全程展示。主播通过直播展示从农田生产到产品包装的全过程,包括播种、生长、采摘等。观众可以实时了解产品的生产环节,增强其信任感。

(2)互动式问答环节。主播设置互动问答环节,观众可以在直播中提问,主播实时回答。这种互动性增加了观众的参与感。

(3)美食制作与搭配。主播展示农产品的美食制作过程,搭配不同食材,演示烹饪技巧。这种内容形式能够激发观众的食欲和购买欲。

(4)产地文化介绍。主播通过直播介绍农产品产地的文化、历史、传统,使产品更具故事性,增加观众对产品的认同感。

(5)特色活动与节目。主播组织各种特色活动,如抽奖、打卡送礼等,增加观众参与度。同时推出一些富有创意的节目,如农田实景直播、农民才艺秀等。

这些多样化的直播内容案例表明,农产品直播带货不仅应关注产品本身的销售,还需要通过创意和多元化的内容形式,吸引用户,提升用户体验,进而促进产品的销售。

四、知名主播的崛起

一些农产品直播平台涌现出一批具有影响力的知名主播,他们通过专业的表达能力、深厚的农业知识以及真实的情境互动,成功地吸引了大量观众,带动了产品的销售。

五、政策支持与规范

中国政府对农产品直播带货给予了一定的政策支持,将其视为促进农业发展和农民增收的有效途径。2022年2月22日,《中共中央、国务院关于做好2022年全面推进乡村振兴重点工作的意见》即2022年中央一号文件发布,对全年乡村振兴重点工作作出全面部署。全文共8个部分35条，主要内容可概括为"两条底线、三项重点、一个加强"。这是21世纪以来，中央连续出台的第19个指导"三农"工作的一号文件。

2022年4月25日，农业农村部、财政部、国家发展改革委发布了《关于开展2022年农业现代化示范区创建工作的通知》。其中提出，围绕拓展农业多种功能、挖掘乡村多元价值，重点发展农产品加工、乡村休闲旅游、农村电商等产业。引导农业产业化龙头企业到农业大县发展粮油加工、食品制造产业，完善联农带农机制。实施乡村休闲旅游提升计划，发展旅游观光、农耕体验、民宿康养、研学科普等新产业新业态。推进电子商务进乡村，促进农副产品直播带货等新业态健康发展。

六、国际市场拓展

我国农产品直播带货的成功模式开始引起国际关注，一些国内平台试图将这一模式拓展至国际市场。同时，一些国际电商平台也在尝试引入农产品直播带货的概念，寻求与中国市场的合作。

（1）京东国际与跨境直播。京东国际是中国电商巨头京东推出的跨境电商平台，通过与中国农产品直播主播合作，采用直播带货的方式向国际用户推广中国农产品。这种合作有助于增强京东国际的品牌影响力，提高中国农产品在全球市场的知名度。

（2）三只松鼠全球直播销售。中国休闲零食品牌三只松鼠在国内取得了直播带货的成功经验后，尝试通过直播销售向海外市场推广。他们通过直播展示产品制作过程、品质保证等，积极拓展国际用户群体。

（3）新疆农产品国际直播推广。部分新疆农产品企业通过与国际电商平台、农产品批发商合作，借助直播形式向国际市场推广新疆特色农产品。通过直播，向国际用户介绍新疆的地理环境、特产等，提高产品的国际竞争力。

（4）中国农业部门与国外直播平台合作。中国农业部门与部分国际直播平台进行合作，通过直播的形式向国际观众介绍中国农产品。这种合作有助于打通国际市场,通过政府层面的支持推动中国农产品在国际市场的拓展。

(5)阿里巴巴集团在外贸直播的尝试。阿里巴巴集团旗下的平台,如1688国际站等,尝试通过直播形式向国际买家推广中国农产品。这种尝试旨在借助直播提升交易的透明度,拉近生产者与国际买家之间的距离。

上述这些案例展示了中国农产品企业和电商平台在国际市场上尝试通过直播带货的方式拓展业务的努力。这些尝试不仅在产品销售上取得一定成功,也对中国农产品在国际市场上建立品牌形象和提高认知度起到了积极的作用。

七、消费者信任问题

虽然农产品直播带货获得了成功,但消费者对产品质量、真实性的担忧依然存在。而一些不法分子通过虚假宣传、假冒伪劣产品等手段影响了消费者的信任度,因此行业需要加强自律,提高透明度。在农产品直播带货中,消费者信任问题的处理是关键。

(1)产地溯源和认证体系。消费者关注农产品的产地和生产过程,希望能够确保产品的质量和安全。

(2)专业知识分享和认证主播。消费者对主播的专业知识和信誉度产生担忧,担心主播不具备足够的专业背景。

(3)消费者评价体系。消费者担心直播内容可能受到商家操控,希望有独立的评价来源。

(4)信息透明度和公示机制。消费者关心合作关系的透明度,希望能够清晰了解主播与品牌之间的合作细节。

八、线上线下融合

农产品直播带货不仅仅是线上的销售渠道,同时也推动了线上线下销售的深度融合。一些直播平台与传统农贸市场及农场合作,实现了生产者、消费者、平台的三方互赢。在农产品直播带货的线上线下融合中,具体的专业措施包括以下方面。

(1)供应链数字化整合。利用物联网、大数据等技术,将农产品的生产、仓储、物流等环节数字化整合,实现供应链的透明和高效。例如,农产品直播平台通过整合供应链数据,实时追踪产品的来源、储存条件、运输路径等信息,向消费者展示产品的全生命周期,提高产品的信任度。

(2)精准营销和用户画像。利用大数据分析,建立用户画像,进行个性化的营销策略,提高用户黏性和转化率。例如,农产品直播平台通过分析用户的浏览、购买历史,向用户推送个性化的产品推荐和促销信息,引导用户线上购物并提高交易转化率。

(3)线上社交与线下集客。利用社交媒体平台,通过农产品直播分享活动,引导用户线下参与品牌活动或实体店购物。例如,农产品品牌通过社交媒体举办线上互动活动,吸引用户线下到农场开展采摘活动,形成线上线下融合的社交互动。

(4)物流智能化提升效率。利用物流智能化技术,提升配送效率,缩短产品从线上仓库到线下门店或用户手中的时间。例如,农产品直播企业通过实施智能化物流系统,优化路线规划、提高订单处理效率,确保产品能够及时送达,提升用户体验。

(5)线上平台与线下体验店结合。在城市中设立线下体验店,结合线上直播,提供真实的农产品体验和品牌故事。例如,农产品品牌在城市中设立线下农产品体验店,通过直播形式向线上用户展示店内的产品、生产环境,激发消费者对产品的兴趣。

(6)数字化支付与会员体系。推行数字化支付方式,建立完善的会员体系,提供线上线下一体化的购物便捷体验。例如,农产品直播平台引入数字支付方式,与线下门店的会员体系相互关联,实现用户在线上线下购物的一体化支付和积分累积。

上述这些专业措施旨在通过技术和数据的深度融合,提升农产品直播带货的整体运营效率、用户体验和销售效果。

九、农村经济振兴

农产品直播带货模式的兴起为农村经济带来了新的机遇。通过直播带货,农产品的销售渠道更加畅通,农民收入得到提升,同时也带动了农村产业的升级。从专业的角度上来讲,农村经济振兴涉及政策、计划和措施等多个方面。

(1)农业供给侧结构性改革。通过深化农业供给侧结构性改革,调整农业产业结构,提高农产品质量和品牌附加值,推动农村经济从传统的数量导向向质量效益导向转变。

(2)农村土地制度创新。实施土地制度创新,推动农地有偿使用和流转,鼓励规模经营和现代农业发展,以提高土地的效益和可持续利用。

(3)农业科技创新与推广。加强农业科技创新,推广先进的农业技术,包括精准农业、农业物联网、基因编辑等,提升农业生产效率和可持续性。

(4)农村金融服务体系建设。建立完善的农村金融服务体系,支持农民融资、投资。创新金融产品,提高金融服务的包容性和有效性。

(5)乡村振兴规划和产业发展。制定科学合理的乡村振兴规划,重点发展符合当地资源和市场需求的农业和乡村产业。通过建设农村产业园区、特色小镇等形式,促进产业集聚和发展。

(6)农产品质量与食品安全。强化农产品质量监管和食品安全体系建设,建立健全从农田到餐桌的质量追溯机制,提高农产品的市场竞争力。

(7)农村社会治理体系建设。完善农村社会治理体系,提升农村基层自治水平。通过建设农村社区服务中心、强化农村组织建设,提高乡村社会治理的现代化水平。

(8)农民素质教育与培训。推动农民素质教育和职业培训,提高农民的科技水平、经营管理水平和市场意识,培养一支适应现代农业需求的农业人才队伍。

(9)农村环境保护和资源可持续利用。加强农村环境保护,推动资源的可持续利用。通过生态农业、绿色农业的发展,维护农村生态平衡。

(10)农村国际合作与开放。加强农村国际合作,吸引外部资源和技术支持。通过开展农产品贸易、农业科技合作,促进乡村经济的国际化发展。

这些专业的措施从农业、土地、金融、科技、产业、社会治理等多个层面全面考虑,旨在推动农村经济振兴取得可持续、全面的成果。

十、科技赋能

随着科技的不断进步,农产品直播带货也在不断进行技术创新。一些平台开始采用人工智能、大数据等技术,提升直播的个性化和推广效果。

1. 大数据分析与智能推荐

用户行为分析:运用大数据分析观众在直播平台上的行为,了解其喜好和购物习惯,从而实现个性化的商品推荐,提高购买转化率。

销售预测:基于历史数据和市场趋势,通过大数据分析进行销售预测,优化库存管理,确保供应链的高效运转。

2. 人工智能图像识别

农产品品质检测:利用人工智能图像识别技术,对农产品进行品质检测,确保展示的产品符合质量标准,提高消费者对产品的信任感。

病虫害识别:运用图像识别技术监测农田,及时发现病虫害问题,提供科学的农业管理建议。

3. 物联网与智能农业

实时农田监测:利用物联网技术,在农田中部署传感器实时监测土壤湿度、温度、光照等环境因素,帮助农民进行精准农业管理。

智能灌溉系统:结合物联网,建立智能灌溉系统,根据实时的土壤湿度数据调整灌溉量,提高水资源利用效率。

4. 虚拟现实与增强现实应用

产品展示与体验:利用虚拟现实和增强现实技术,为观众提供沉浸式的产品展示和体验,增加互动性,提高购物欲望。

农田实景模拟:使用虚拟现实技术创建农田实景模拟,让观众更直观地了解农产品的生产过程和种植环境。

5.5G技术支持

高清直播与低延迟:利用5G技术实现高清、低延迟的直播,提升观众观看体验,确保产品展示的实时性和清晰度。

多维度互动:5G技术支持更多元化的互动方式,如实时问答、虚拟试穿等,提高用户参与感和互动性。

6.电子商务平台集成

一体化支付系统:引入一体化支付系统,整合多种支付方式,提供更便捷的购物体验,促进交易的快速完成。

数据共享与云存储:通过电子商务平台实现数据共享,将关键数据云存储,确保信息的安全性和可靠性。

这些专业的科技手段使得农产品直播带货更为高效、智能,同时提高了产品的质量可控性和消费者体验。农产品直播带货的现状呈现出蓬勃的发展态势,既为农民提供了新的增收途径,也为消费者提供了更为便捷、有趣的购物体验。然而,行业在发展中仍需面对消费者信任问题、市场竞争激烈等挑战,同时要与政策法规保持良好的配合,共同推动农产品直播带货行业的健康有序发展。随着技术的不断创新和行业的不断成熟,农产品直播带货有望继续在中国乃至全球电商领域发挥重要作用。

第四节
农产品直播带货的优势

农产品直播带货在专业层面上具有多重优势,包括数字化营销、市场拓展、品牌建设等多个方面的优势。

一、数字化营销与数据驱动

用户行为分析:通过直播平台的数据分析,深入了解用户行为和购买偏好,为农产品推广提供数据支持。

销售数据实时监测:可以实时监测销售数据,了解产品热度和市场反馈,为农产品的调整和优化提供科学依据。

二、区块链溯源确保质量可控

真实可信的产品溯源:引入区块链技术,建立农产品生产全程溯源系统,确保产品信息的真实性和可信度,提高产品质量可控性。

防伪和溯源体系:利用区块链技术对农产品设置数字化防伪标识,帮助消费者准确追溯产品的生产、加工、运输等环节。

三、智能推荐算法提高销售转化率

个性化推荐系统:基于大数据和人工智能技术,建立个性化推荐系统,根据用户历史行为和偏好智能推送相关产品,提高销售转化率。

交叉销售优化：利用数据分析，实现交叉销售优化，推动相关产品搭配销售，提高单笔交易额。

四、全球化市场拓展

线上跨境销售：利用直播带货平台，农产品生产者可以直接面向全球市场进行销售，实现农产品的国际化推广。

本土化营销策略：根据不同地区的文化和市场需求，制定本土化的营销策略，提高产品在各国市场的适应性。

五、品牌建设与宣传

故事性品牌推广：通过直播，农产品品牌方可以向观众讲述产品背后的故事，加强品牌情感共鸣，提升品牌认知度。

专业化品牌形象：利用专业摄影、视觉设计等手段，打造农产品的专业化品牌形象，增加产品在市场中的竞争力。

六、实时市场反馈和快速调整策略

实时反馈机制：通过观众的实时评论和互动，获取市场反馈，及时了解用户需求和产品问题，为农产品的快速调整和改进提供依据。

灵活调整推广策略：根据实际销售情况，灵活调整直播内容和推广策略，提高产品在市场中的竞争力。

七、高效供应链管理

快速响应订单：通过直播平台及时获取订单信息，实现供应链的快速响应和物流配送，提高供应链的运营效率。

库存管理优化：基于销售数据和大数据分析，优化库存管理，减少过剩和缺货情况，提高供应链的整体效能。

八、社交化推广与口碑传播

社交分享与口碑传播：利用社交媒体功能，让用户方便地分享直播内容，形成社交化传播效应，提升产品口碑和影响力。

社群互动：通过社交平台构建用户社群，加强用户间的互动和沟通，形成良好的社交氛围，促进产品的口碑传播。

第五节
农产品直播带货面临的困境和挑战

一、网络基础设施和技术问题

1.网络不稳定和带宽不足

在一些农村地区,网络基础设施可能较为薄弱,导致网络不稳定和带宽不足,影响视频直播的清晰度和流畅度,增加了直播过程中的技术难度。

2.移动设备差异

不同观众使用的移动设备性能和屏幕大小不一,需要适应不同设备的直播画面,这增加了直播带货的技术调配难度。

3.农产品数字化信息和标准化问题

信息不全面:部分农产品的数字化信息可能不完整,尤其是一些小规模农业生产者,可能缺乏对产品数字化展示的系统性和全面性。

标准化缺失:缺乏农产品行业的统一标准,使得不同直播带货内容之间的产品比较和评估困难,降低了市场的透明度。

二、法规和监管困境

法规滞后:农产品直播带货是一个相对新兴的领域,法规滞后使得行业发展缺乏明确的法律依据,容易引发市场乱象。

广告合规性:直播带货中的广告宣传需要符合法规,但由于缺乏明确规范,广告内容可能存在夸大宣传或虚假宣传的问题。

三、市场竞争激烈

同质化困扰:由于直播带货的模式相对简单,导致内容同质化现象普遍,难以在市场中突出产品的独特卖点。

品牌建设压力：在激烈的市场竞争中，农产品需要更加注重品牌建设，提升品牌认知度和忠诚度。

四、物流和配送瓶颈

保鲜难题：一些农产品需要保持新鲜度，但物流和配送的不畅可能导致产品在运输过程中的变质，对产品质量提出了更高要求。

冷链技术：农产品直播带货可能涉及跨地区销售，需要健全的冷链物流体系，确保产品在运输中的温度控制。

五、消费者心理和习惯

线上购物疲劳：消费者对于司空见惯的直播内容可能产生疲劳感，从而降低其参与和购物的积极性。

虚拟体验不足：一些农产品的实际品质和口感难以通过虚拟直播完全传达，使得消费者对产品的判断存在一定困难。

六、隐私和数据安全问题

支付安全：在直播带货中，用户个人信息和支付数据的安全问题是一大挑战，需要建立安全的支付体系以增强用户信任。

平台数据泄露：直播平台存在数据泄露的潜在风险，对用户个人信息的保护需要更严格的监管和技术防范。

七、季节性和周期性销售

销售高峰和低谷：由于农产品的季节性和周期性，销售可能在特定季节或周期出现高峰和低谷，需要合理的库存管理和销售策略来应对。

第二章
农产品直播带货的商业模式

⊙ 农产品直播带货的商业模式概述
⊙ 农产品直播带货的盈利模式
⊙ 农产品直播带货的产业链分析

近些年，中国电商市场蓬勃发展、迅速崛起，农产品直播带货也成了一种新型的商业模式逐渐兴起。农产品商户通过直播平台，使农产品得以更直接地触达消费者，省去中间环节，大大加强了传播、流通效率。本章将首先介绍农产品直播带货的商业模式，包括其发展历程、基本特征以及与传统销售模式的区别；接着分析该模式的盈利途径，包括直播打赏、平台佣金、广告植入等多种形式；最后，对农产品直播带货的产业链进行深入剖析，从农产品供应链、直播平台运营、物流配送到消费者服务等方面进行全面阐述。

第一节　农产品直播带货的商业模式概述

一、农产品直播带货的定义与特点

农产品直播带货是当前"直播带货"发展下的一个分支，重点强调了带货者的身份在推动商品售卖上的作用，通常理解为是一种明星、网红、社会名人或公众人物通过互联网平台，使用直播进行商品展示、咨询答复、导购的新型销售方式，或由店铺自己开设直播间，或由职业主播集合进行推介。

那么，所谓农产品直播带货，相比上文提到的"直播带货"，主要区别则是直播时售卖的商品是以农作物、农产品为主。也就是说，农产品直播带货是指带货者（主播）采用互联网平台，就农作物、农产品与消费者展开线上的互动与交流，促使消费者在线上完成下单、支付、配送、签收等活动的销售形式。它更侧重于对农产品的营销，利用互联网为农产品打开一个新的销售渠道。

农产品直播带货由商品推销者、推销渠道、商品内容、推销对象以及售后服务等五部分组成。其本质上就是一种新型物联网交易和商品展示、营销、传播的过程。将农产品与互联网相连,呈现给消费者,并进行信息交换和钱货交易。农产品直播带货打破了地域、场景和时间的限制,拥有传统农产品线下销售无法比拟的巨大力量。[①]

农产品直播带货具有互动实时、展示直观、销售直接、供应链优化等特点。

二、农产品直播带货的发展历程及现状

随着互联网的不断发展,农业现代化进程速度明显加快,直播带货在农产品生产、销售等众多领域发挥了重要作用。2020年以来,电商发展环境日渐优化,网络零售规模不断扩大,这都让农产品销售看到了新的希望。2020年初爆发的新冠疫情更是影响了很多人的生活、购物等方式,这是继出现网络购物后,人们购物习惯发生了又一次重大变化,线下到线上的又一次迁移为直播带货的爆发奠定了庞大的用户基础。"直播+"的概念开始出现在人们的视野当中,"直播+农业"让以直播带货为代表的新型消费模式在农村异军突起。各地政府和企业也意识到网络直播的流量能够为农产品销售赋能,所以各大直播平台、电商平台积极响应号召,加入农产品直播带货的队伍,为丰富农产品直播带货的营销内容和形式、优化其在互联网上的传播策略提供了良好的环境和条件。

多年来,政府大力推进农业供给侧结构性改革,农业农村面临着"结构升级、方式转变、动力转换"的主要目标。全国的农业生产销售都因新冠疫情遭受了严重打击。面对这样的状况,党中央明确提出建立以国内大循环为主体、国内国际双循环相互促进的新发展格局,目的就是扩大内需、打开农产品流通市场。在这样一个大背景下,利用互联网为农产品进行直播带货就成为激发消费者潜力的有力切入口,成为振兴经济、扩大内需和引导消费的新手段。2020年初中央一号文件发布,提出了要有效开拓农村市场,促进电商进村。此后,农业农村部又提出了要充分发挥电商企业的作用,加大农产品推介销售力

[①] 孙景乐.情感分析技术下的"直播带货"常态化发展策略研究[J].绵阳师范学院学报,2021,40(1):62-68.

度。多个省市地方政府积极支持直播带货入驻农村，通过出台优惠政策、引进专业人才、建设农村产业园区等方式支持辖区内直播带货业务的发展。

同时，网络直播逐渐日常化直接影响了消费者消费习惯，这就催生出了消费者通过观看直播购物的新型消费关系与方式。越来越多的生活消费层面的互动往往是通过网络直播完成，直播平台通过带货这种销售形式，为消费者提供实时互动、展示产品、提供购买链接等"一条龙"服务，也让消费者的消费心理得到满足，观看直播消费就成为习以为常的事情。新冠疫情防控的这段时间，消费者线上消费的习惯就这样快速被养成，消费者对这种形式的依赖性也逐渐增强，观看直播购物逐渐成为一种新的消费方式。

直播带货的爆发使互联网商业变现不再只是单一依靠广告作为主要盈利来源，而是多了一个新的选择，新的重要的商业变现手段，除了互联网公司，以央视为首的官方媒体、各地广电集团、融媒体中心等也开始积极尝试，形成激烈竞争的市场——红海。各大网络头部平台"百花齐放""百家争鸣"形成"千播大战"，直播带货已然成为流量变现的主要渠道，其竞争愈加激烈。淘宝、京东、抖音、快手，甚至百度、新浪都陆续加大了对于直播领域的投入和布局，为未来直播行业的商业变现和整合传播奠定了基础。

目前，直播带货以主播与消费者的实时视听觉互动、互联网技术提供多样化的互动手法在各大平台上逐渐被更多人了解接受，这也为农产品销售提供了新的可能。

新冠疫情三年，全国多地农产品滞销情况严重，农民收入亏损，农业发展受阻，农村经济面临寒冬和艰难的"求生困境"。为应对农村危机，通过电子商务组合拳，全面助推经济社会发展。商务部数据显示，2020年一季度全国农产品网络零售额达936.8亿元，直播带货超过400万场[1]。

借助线上直播平台推广销售农产品，可以让消费者更加直观和方便地了解购买产品，也让产品具有更高的可信度。当时，淘宝吃货频道仅用12小时就率先在淘宝平台上线"吃货助农"频道，优选了山东、四川、浙江等6省10款滞

---

[1] 人民网. 一季度全国农产品直播带货超过400万场[EB/OL]. (2020-04-24)[2024-01-04].
http://m.people.cn/n4/2020/0424/c204473-13897215.html

销优质农产品，三天内销售农产品超过300万斤①，不仅解决了农户的滞销问题，也解决了消费者的采购困难，还成为其余未开展农产品直播带货的样板，为解决乡村困境发挥了重要作用。

近年来的直播带货总体态势发展良好，资本、平台和明星网红争相入局。2020年12月，地利集团与京东确定合作关系，明确表示双方将利用各自资源优势，携手打造现代化、一体化的农业数字供应链，以降低农产品在生产、经营、流通各方面的成本，提高销售的效率。整个行业集体向产业链中上游的数字化改造推进，更快实现数字产业链。上游环节可以实现农户对农产品的高效出售，激发农户的生产积极性；下游缩短流通环节，稳定价格，让利给消费者，形成良性循环，农产品领域的数字供应链建设将离我们越来越近，互联网资本也能真正起到对实体经济的助力作用。

即使农产品直播带货有着诸多好处，但任何事物都不是只有一面的，随着时间的推移，直播带货不断的发展，浮出水面的各种问题我们也不容忽视。据中国消费者协会的调查报告显示，37.3%的受访者在直播购物中遇到过消费问题，"担心商品质量没保障"和"担心售后问题"是消费者的两大主要顾虑②。当前农产品直播带货行业缺乏成熟的市场监督和管理机制，夸大其词、哗众取宠、过度包装的虚假宣传，对消费者进行不实的诱导消费，产品质量滥竽充数，售后服务互相推诿、难以保障，刷单、虚假好评等各类乱象，都让消费者在购物中无法安心，甚至有些谨慎的消费者谈直播购物而色变，认为都是虚假宣传。甚至一些主播在推销劣质商品后，采取下架商品、拉黑用户等手段，导致购买者维权困难，此等直播行业乱象甚是严重，还缺乏相应约束。

当前，相关立法和司法约束相对滞后，目前只有中国广告协会发布并实施的《网络直播营销行为规范》一则专项法规暂行。因此，需要尽快研究并出台相关政策，对农产品网络直播带货起到规范化、法制化的约束，从而促进农产品直播带货行业的健康发展。

---

① 经济日报.农产品滞销，电商们出高招了！[EB/OL].(2020-02-20)[2024-01-04].https://www.sohu.com/a/374301083_118392

② 中国新闻网.中消协报告：37.3%受访消费者直播购物中遇到过问题[EB/OL].(2020-03-21)[2024-01-15].https://www.chinanews.com/cj/2020/03-31/9142930.shtml]

三、农产品直播带货的优劣势

1.农产品直播带货的优势

(1)获客成本降低

根据Wind咨询提供的数据显示,2019年各类电商平台用户获客成本分别为:快手15元/人,抖音20元/人,拼多多284元/人,阿里巴巴420元/人,京东508元/人[1]。到2023年国内主流公域平台的流量红利已经消失殆尽,据小鹅通联合艾瑞咨询发布的《2023年中国私域运营洞察白皮书》披露,2018年至2021年主流电商平台的获客成本呈现整体上涨的趋势,随着传统电商平台线下大规模推广,导致用户获客成本居高不下。拼多多的获客成本从2019年的163元/人,上涨到2021年的558元/人;阿里巴巴的获客成本从2019年的298元/人上涨到了2021年的669元/人[2]。而农产品直播带货则可以依靠平台的流量推荐,省去了传统电商平台线下推广的拉新、促活、留存等高成本步骤。农户或主播,也就是带货者可以直接面向消费者销售自己的农产品,直接省去了中间商、分销商等渠道支出,使得农产品直播带货的获客成本普遍低于传统电商平台。

(2)增加潜在的消费者黏性

传统电商平台通常只能采用图文展示等静态销售模式,即使现如今淘宝、京东等平台展示页面也可加入视频展示环节,但依然无法达到实时与消费者互动的条件,销售方式同质化严重,劣势明显,缺乏对潜在消费者的吸引力,黏性普遍较低。而直播带货平台则加入以直播形式营销为核心的内容属性,再加上短视频的展示,使得消费者在平台的浏览时间更长,进而更深入了解农产品,提升了消费者对产品、销售者的信任感,从而增加了消费者的黏性,促进农产品消费转化。

---

[1] 姜雪松.共同富裕背景下助农电商直播盈利模式论析[J].中国农业会计,2022(12):4-6.
[2] 子弹财经.小鹅通联合艾瑞咨询发布《2023年中国私域运营洞察白皮书》[EB/OL].(2023-06-07)[2024-04-15]. https://weibo.com/ttarticle/p/show? id=2309404909955764584786&wd=&eqid=e5f3b7ba000030d00000000464805ebb

（3）扩大直播带货从业人员的就业与创业

农产品直播带货中，主播可以是农户，也可以是聘请的专业主播。除此之外，直播带货还需要平台运营、农产品仓储、物流运输与配送等产业链的产业人员，这些岗位不需要过多的知识储备或较高的学历，经过相应的培训即可上岗，门槛相对较低，同时，用工规模较大。农产品直播带货在促进产业发展的同时也拉动了当地就业，不仅可以提高农户家庭收入，也可造福一方经济发展。

2.农产品直播带货的劣势

（1）农户的品牌意识相对淡薄

虽然农产品直播带货的盈利模式为农户在销售方式和渠道方面提供了新的思路，有效解决了农产品的滞销问题，但就目前而言，大多数农户的品牌意识相对淡薄，这使得农产品的品牌、直播带货的主题等大多以"地域+产品名称"命名，农业农村部数据显示，我国现有的申请地理标志的农产品数量已经达到3455项[1]。缺乏独有的品牌特性和特色，缺乏吸引力和记忆点，在"千播大战"中难以突出自己。这导致在农产品直播带货的视域下，农产品品牌（名称）同质化严重、价格竞争激烈，农产品销售难，继而影响农户的收入。我国仍有大部分的地方农产品因为冷链物流的效率低下、消费者认知度不够高、农产品品牌建设和品牌保护意识较弱等现实原因，在消费市场上难以形成规模，与庞大的产品供给量不匹配，也没有满足消费者对农产品日益增长的高品质、多元化市场需求。

（2）农村互联网设施相对落后

目前，我国仍有部分地区存在乡村公路不畅、网络信号强度较低、物流设施不充足等问题，这使得这些地方难以支持农产品直播带货的发展，致使农产品运输难度增大、销售信息传递效率降低，产生信息差，造成农产品运输成本

---

[1] 新华社客户端.「唤醒沉睡的地标品牌」2022中国地理标志农产品品牌声誉评价[EB/OL]. (2023-03-10) [2024-04-22] https://baijiahao.baidu.com/s?id=1759971386610357365&wfr=spider&for=pc

和销售信息传递成本增加，农产品的市场竞争力也会相应下降。

(3) 快递、物流企业配套服务缺失

目前，虽然乡镇、农村都设有电商服务中心或服务站，使得农户有了新的农产品销售渠道，但农产品直播带货在物流板块有两个非常重要的环节，那就是储藏和冷藏。这两项工作目前在一些地区还是无法较好地实现。这就导致农产品物流运输效率低、周转质量差，当农产品无法保证相对新鲜和质量时，就会导致消费者对农产品直播带货失去兴趣，这也会严重影响农户利益，大大削弱农户参与直播带货的积极性，形成恶性循环。

(4) 政府对农产品直播带货绩效考核尚不健全

部分地方政府绩效考核偏重结果导向，将短期数据视为农户、主播直播带货、变现能力的量化标准。他们视农产品直播带货为"偶然活动"，缺乏长期的监管意识和措施。某些地方政府为追求助农工作政绩和自己的工作绩效考核，在直播带货时过度，甚至片面地关注农产品曝光率、付款率、总销量和总销售额等数据，用以展现所辖区域农户、主播较强的直播带货能力，展现出较好的助农景象和经济形势。虽然从结果上看，政府农产品直播带货的助农考核指标优异，但是农户的实际成交额，也就是农户实际到手的收入与前者并不一定成正比，呈现出虚假的繁荣。久而久之，将会导致政府公信力下降，本应该助农的农产品直播带货成了形式主义、表面功夫，农户得不到收入的提高必然会失去内驱力，那就真变成了"偶然活动"。

第二节
农产品直播带货的盈利模式

一、商家(农户)自播模式

商家(农户)自播模式是指商家(农户)自行在直播平台或电商平台注册账号,提供可销售的相关资质并获取直播带货权限后,通过开启直播带货的方式对自家的农产品进行销售。在这个模式中,直播ID由商家自有,主播一般由农户自己担任,他们对品牌信息、产品特性等方面很熟悉。

商家(农户)自播模式具有三方面优点。第一,精准定位消费者。来到农产品直播间的消费者普遍具有较为明确的购买意向,可以迅速实现消费转化。第二,提高品牌认知度。商家(农户)亲自担任主播,可以向消费者直观地展示农产品种植、加工过程,增加消费者对产品和品牌的信任度。第三,降低营销成本。相较于传统的广告推广,商家(农户)自播模式节省了大量营销费用。

但这种模式也面临一些挑战。例如,粉丝基础薄弱,粉丝数量不够多,未形成群体效应,传播力度不够;产品同质化问题,初级农产品同质化比较严重,可能导致销售额不够稳定。持续创新压力没有保障,要在众多自播商家(农户)中脱颖而出,需要商家(农户)不断创新直播内容和营销策略。

二、"坑位费+佣金"模式

"坑位费+佣金"模式是我国农产品直播带货中的一种主要商业模式之一。在这种模式下,商家(通常是农户)可以选择与MCN(Multi-Channel Network,多频道网络)公司的主播合作,或者自行邀请具有一定流量的主播进行合作。合作的主播会在短视频平台或电商平台上进行农产品直播，以带动农产品的销售。

在这个模式中，MCN公司或主播个人（工作室）会收取一定的开播费用，这部分费用主要用于直播投放、增加产品曝光和提升直播间的人气等环节。开播费用可以看作是主播的固定收入，具有保底性质。然而，这种模式下的"坑位费"与销售额无关，缺乏对主播的激励作用。部分主播在直播过程中可能会因此缺乏带货积极性，导致成交量和销售额不能达到预期目标。

"坑位费+佣金"模式具有一定的优势。首先，主播的佣金收入与销售额挂钩，使得主播有更大的动力去推广和销售农产品。其次，开播费用可以为商家提供一定的保障，即使在销售情况不佳的情况下，商家仍然可以得到一部分收入。然而，这种模式也存在一定的问题。首先，开播费用可能对商家来说是一笔不小的负担，尤其是对于那些规模较小的农户来说。其次，由于主播的佣金与销售额挂钩，可能会导致一些主播过于追求销售额，而忽视了产品的质量和消费者的需求。

总的来说，"坑位费+佣金"模式是一种有利于农产品销售的模式，但是也需要对主播的激励机制进行进一步优化，以平衡主播的收益和商家的负担，同时也要注重产品的质量和消费者的需求。在未来的发展中，我国应该积极探索和优化这种模式，以更好地推动农产品的销售，助力乡村振兴。

三、"纯佣金"模式

纯佣金模式是我国农产品直播带货中的一种主流合作方式。在这种模式下，商家（主要是农户）可以选择与MCN公司的主播进行合作，或者自行邀请具有较高流量的主播进行合作。合作的主播会在短视频平台或电商平台上进行农产品直播，通过直播的形式带动农产品的销售。

在这种模式下，MCN公司或主播个人（工作室）不会抽取任何开播费用，如坑位费、制作费等。他们只在农产品直播带货活动结束后，根据销售额的一定比例获得佣金。这种纯佣金模式能够极大地激发主播的带货积极性，从而提升农产品的成交量和销售额。然而，这种模式也存在一定的问题。首先，由于主播的粉丝群体喜好各异,如果邀请的MCN公司或主播个人(工作室)的粉丝群体与农产品不匹配,可能会导致一部分粉丝不买账,甚至影响直播间的氛围,从而使成交量和销售额无法达到预期。其次,纯佣金模式下,主播可能会过于关注销售额,而忽视了产品的质量和口碑。在短期内可能会带来较高的销售额,但长期来看,可能会损害产品和品牌的形象,不利于农产品的持续销售。

因此,尽管纯佣金模式在激发主播积极性、提升成交量和销售额方面具有显著优势,但商家(农户)在选择合作主播时,也需要充分考虑主播的粉丝群体特征,以确保直播效果的最大化。同时,商家还需要与主播进行深度合作,共同提升产品的质量和品牌形象,以实现农产品的长期稳定销售。

总的来说,纯佣金模式是一种富有活力和潜力的农产品直播带货模式。只要商家能够把握好主播的选择和合作策略,就能在这种模式下实现农产品的销售增长。

四、其他盈利模式

在当前数字化时代,农产品直播带货成为农村振兴的新引擎,不仅为农产品销售开辟了新的渠道,也为农民带来了丰富的盈利模式。众所周知,直播平台可以通过直播打赏、广告植入等方式实现盈利,但在农产品直播带货中,这些并非主要盈利途径。

1.直播打赏与广告植入合作

尽管直播打赏和广告植入在农产品直播带货中并非主要盈利方式,但商家(农户)与MCN公司或主播个人(工作室)在合作前期,可以将这两种收入模式纳入合作方案。主播作为直播间的主要吸引力,其个人魅力和消费者黏性有助于提高直播间的活跃度和热度。而拥有较高热度的直播间,也是影响短视频或电商平台推送的重要因素。因此,在合作过程中,商家和主播可以商定打赏和广告植入的分成比例,实现共赢。

2.农产品定制服务与周边产品开发

除了直播打赏和广告植入,商家(农户)还可以逐步拓展农产品定制服务和农产品周边产品开发。农产品定制服务可以根据消费者的个性化需求提供定制化的农产品,如有机蔬菜、绿色水果等。这种模式有助于吸引更多消费者,提高农产品附加值。

同时,农产品周边产品开发也是扩大品牌宣传的有效途径。商家可以根据农产品特点,开发一系列周边产品,如农产品加工食品、农具、农耕文化创意产品等。这些周边产品不仅能为商家带来额外收益,还能让没有购买农产品需求的消费者通过周边服务及产品获得体验,进而对品牌产生认知和好感。

3.跨界合作与渠道拓展

为了进一步提高农产品直播带货的盈利能力,商家(农户)可以寻求跨界合作,与不同行业的企业、机构建立战略合作关系。例如与旅游、文化、教育等行业合作,推出农旅一体化、农业科普教育等项目,吸引更多消费者关注。同时,商家还可以利用电商平台、社交媒体等渠道,扩大农产品直播带货的传播范围,提高品牌知名度和影响力。

在农产品直播带货中,商家(农户)应把握直播平台、主播个人和消费者等多方资源,探索多元化的盈利模式。通过直播打赏、广告植入、农产品定制服务、周边产品开发等途径,实现商家与MCN公司、主播个人的三方共赢,助力农产品销售和品牌推广。此外,跨界合作与渠道拓展也是提高农产品直播带货盈利能力的重要手段。在数字化时代,商家(农户)应紧跟时代步伐,不断创新盈利模式,为乡村振兴注入强大动力。

第三节
农产品直播带货的产业链分析

一、中国农产品现状

我国自古以来都是农业大国,农耕历史悠久、农耕面积广大,农产品种类众多、数量庞大。随着2019年我国农产品流通的网络建设逐渐加强,居民消费水平逐步提升,消费者对于农产品的购买意愿愈加强烈,成交量也显著增加。然而,我国农产品容易受到环境及运输影响,导致新鲜度不佳,价值降低;同时,农产品还具有较强的季节性、周期性和地域性,要考虑农产品与销售周期是否匹配,不同的气候环境、地域环境为农作物造就了不同的生长环境,"橘生淮南则为橘,生于淮北则为枳",这使农产品极具地方特色,导致农产品销售对物流配送有一定的时间和速度要求。这些都是影响消费者对农产品购买意愿的因素,并对市场造成波动。

二、中国农产品直播带货供应链现状

近年来,我国颁布了《乡村振兴战略规划(2018—2022年)》《关于实施"互联网+"农产品出村进城工程的指导意见》《数字农业农村发展规划(2019—2025年)》等重要政策文件,旨在加速推进农业农村现代化,促进乡村经济增长,实现乡村振兴。乡村经济发展的核心要点是紧随科技与互联网发展趋势,把握新的经济增长点,促使农村产业全面升级。自2020年以来,直播带货作为一种新型销售模式迅速崛起。据艾媒数据统计,2021年我国直播电子商务市

场规模达到12 012亿元，预计到2025年规模将达到21 373亿元；[1]根据中国互联网络信息中心发布的我国互联网发展相关统计报告显示，截至2023年12月，我国网民规模达10.92亿人，较2022年12月新增网民2 480万人，互联网普及率达77.5%。[2]2020年初的中央一号文件《中共中央、国务院关于抓好"三农"领域重点工作确保如期实现全面小康的意见》提出，要积极拓展农村市场，推动电商进村；农业农村部强调要充分发挥电商企业作用，加大农产品推介力度。由此可见，直播带货行业在推动农产品销售、促进农业和乡村经济增长、转变经济结构、助力乡村振兴方面发挥了重要作用。

三、农产品直播电商供应链存在的问题

在大环境潮流的推动以及政府的支持下，越来越多的农产品被直播电商平台发现和挖掘。但是，电商平台也只是解决了农产品销售渠道和终端的问题，由于直播带货发展速度过于迅猛，供应链其他的配套服务拖后腿，供应链尚未完善，使直播电商在农产品货源、质检、服务和物流等多方面都面临着挑战。

供应链信息不对称。目前，大多数的传统农产品供应商，也就是农户，对直播带货的认知还处于初级阶段，不了解农产品信息管理的重要性，供应链上游农产品的信息无法及时共享，导致信息不对称的状态，产生信息差成为常态。如此一来，销售的上游不能及时把握市场需求。此外，供应链信息的不对称还会导致农户及直播平台双方增加贮藏成本，产生品控不佳等质量问题。

农产品品质难以保证。从农产品供应方角度来说，大多数地区处于乡村，农业基础设施相对落后，导致地方农产品品质参差不齐，无法统一标准。直播带货从业者和组织以及消费者一般对这类农产品销售存在顾虑。从流通方面来说，农产品在流通中对储存、运输、冷藏的条件要求较高，但大部分农产品的

---

[1] 艾媒新零售产业研究中心.艾媒咨询｜2022-2023年中国直播电商行业运行大数据分析及趋势研究报告[EB/OL].(2022-06-24)[2024-05-25]https://www.iimedia.cn/c400/86233.html
[2] 中国互联网络信息中心.第53次《中国互联网络发展状况统计报告》[EB/OL].(2024-03-22)[2024-05-25]https://www.cnnic.cn/n4/2024/0322/c88-10964.html

原产地在乡村,经济条件相对落后,地理位置相对偏僻,专业的物流公司、冷链公司数量少甚至没有,物流配送存在风险,可能会影响农产品的质量。

供应链销售渠道存在竞争。直播带货行业线上的销售渠道对线下实体店铺的销售形成较大影响。由于供应链内的供应商、直播平台、线下经济等互相产生激烈竞争,在一定程度上破坏了农产品供应链的稳定性。因此,如何平衡线上、线下双渠道的发展,也是现阶段农产品供应链发展所面临的难题。

农产品未形成品牌化。形成具有地方、供应商(农户)特色的品牌化农产品是各地方、各个体农产品供应商(农户)实现转型升级、经济增长的重要手段之一。大部分农产品在进行直播带货销售时,都是通过对农产品进行统一深加工及统一规范的包装,来打造农产品品牌化。虽然这是打造具有独特性优良产品的一种有效方法,经过直播平台的宣传、推广,得到一部分消费者的认可,形成购买活动。但目前还是有相当多的供应商(农户)对特色农产品没有品牌塑造的意识,他们缺乏利用大数据对当地农产品在市场当中的供需进行剖析的意识和相应活动,无法精准识别自有农产品的特色,导致农产品未能通过电商直播平台被消费者看到。

四、地方农产品直播电商供应链的优化

1. 加强供应链信息共享

加强和完善供应链信息化共享机制,构建供应商(农户)、电商直播平台共享的线上仓储系统,实现生产、存储、销售、运输配送一体化,各环节信息全面共享,消除信息不对等及信息差,使整个供应链全面、高效地运行。信息共享可以使供应链中各个节点的商家清晰了解到供应链中所有信息的变化发展,以提高农产品销售的时效和品质,减少农产品不必要的损耗,达到甚至超越消费者对农产品品质的需求。整个供应链的机制也可以通过信息共享不断优化、升级,实现供应链数字化管理,打造供应链数据库,使从生产到销售每个环节的信息和市场需求交汇融合。

2.建立线上线下双渠道销售模式

顾名思义,该模式就是传统线下销售模式和线上直播带货销售模式相结合。一方面,供应商(农户)可保持通过零售商、中间商、分经销商等把农产品销售给消费者,通过商品的高品质与直接的、面对面的服务为线上销售渠道积攒人气,吸引流量,以此加强消费者黏性,促进线上渠道的发展;另一方面,通过直播带货能减少中间成本,具有定价优势。同时,平衡双渠道之间的价格与服务差异,完善线上线下利益和资源分配。通过激励或补偿的方式以及合理的供应契约,如收益共享、成本共担、数量折扣、批发价格及回购等,增强供应链内各方合作,实现利益共享、风险共担,降低运作风险,实现供应链整体利益最大化。

3.加强地方农产品品牌化

构建适应地方特色的农产品品牌化新模式,不拘泥于"地域名+农产品名"的命名方式,在合法合规的前提下,可从当地特色、供应商(农户)特色、农产品特色入手进行品牌化。在打造农产品品牌的同时,应积极推动宣传,利用多种宣传媒介、电商推动品牌更快地获取关注。特色农产品品牌建设可以积极推动供应链发展,同时,优质的农产品在直播带货领域中能够给地方带来经济增长,也能更好地带动当地其他农产品及农业经济、旅游经济的发展。

第三章
农产品直播带货的营销模式

- 农产品直播带货的市场定位与目标客户分析
- 农产品直播带货的营销手段与技巧
- 农产品直播带货的营销案例分析

第一节 农产品直播带货的市场定位与目标客户分析

农产品直播带货作为一种新兴的营销模式,主要是通过网络直播平台,将农产品直接展示给消费者,实现农产品的在线销售。市场定位是农产品直播带货成功的关键,只有找准市场定位,才能更好地满足消费者需求,提高农产品的销售量。

一、农产品直播带货的市场定位

农产品直播带货的市场定位主要包括以下几个方面。

1. 产品定位

农产品直播带货的产品定位非常重要,需要综合考虑市场需求和自身产品特点。在这种新兴的营销模式中,产品定位的准确性和创新性将直接影响企业的销售业绩和品牌形象。

首先,农产品直播带货的产品定位要保证产品质量,确保产品品质。消费者对产品的质量和安全性非常关注,尤其是在食品领域,消费者往往会更加注重产品的品质。因此,农产品直播带货的企业应该确保所销售的农产品具备高标准品质。这意味着企业需要建立严格的供应链管理体系,从种植、养殖、加工到销售全过程保障产品质量的稳定性。

其次,农产品直播带货的产品定位要突出产品特色,打造独特的产品品牌。农产品的特色是指其与其他产品相比具有明显的区别和优势,可以是产品的独特口感、健康营养价值、产地优势等。通过直播节目向消费者展示农产品的特色和与众不同的优势,可以吸引消费者的注意和购买欲望。同时,企业可以通过创造独特的品牌故事、设计个性化包装等手段打造产品品牌,可以提高产品的附加值和市场竞争力。

再次,农产品直播带货的产品定位还要充分考虑市场需求。消费者对于农产品的需求是多样化的,有些人注重健康食材,有些人追求特色食品,有些人则更关注产品的新鲜度和口感等。企业应该针对不同的消费需求,有针对性地进行产品推广和宣传。在直播节目中展示产品的不同特点,结合不同消费者的需求,提供个性化推荐,满足消费者多元化的购买需求。

最后,农产品直播带货的产品定位还应该注重产品的可持续发展和环境友好性。环保意识和可持续发展已经成为人们关注的焦点,农产品作为与自然环境密切相关的商品,企业需要积极采取环保措施来保护环境助力可持续发展。例如,可适度采用有机种植、环保包装等措施,让消费者在购买农产品时感受到企业对环境保护的关注和贡献,从而提高产品附加值。

综上所述,农产品直播带货的产品定位是依据市场需求和自身产品特点进行的。通过提高产品质量、突出产品特色、注重市场需求和环境友好性,企业可以在农产品直播带货的市场竞争中获得更多的优势和机会,提高产品的销售效果和市场份额。

2.价格定位

农产品直播带货的价格定位是决定营销策略成功与否的关键之一。价格定位需要兼顾消费者对价格的敏感度和产品的成本,在实现企业盈利目标的同时赢得消费者的认可。

首先,农产品直播带货的价格定位要考虑消费者对价格的敏感度。不同消费者对于产品价格的敏感度不同,有些消费者更加注重产品性价比,会倾向于购买价格相对便宜的产品;而有些消费者则更注重产品的品质和附加值,愿意为高质量的产品支付更高的费用。在农产品直播带货中,企业应对不同细分市场的消费者进行调研,了解其对产品价格的关注度,从而确定合适的价格定位策略。

其次,农产品直播带货的价格定位要根据产品品质和市场需求进行合理定价。农产品的品质是影响消费者购买的重要因素之一,高品质的产品往往具有更高的附加值和竞争力。因此,企业应根据产品的品质特点和市场需合理定价。若产品具有独特的品质优势,企业可以适度提高产品价格以体现其附加值。同时也要注意市场竞争情况,确保产品的价格相对合理,并确保消费者能感受到实惠。

再次,农产品直播带货的价格定位还需要考虑产品的成本。农产品的成本包括种植、养殖、加工、包装、物流等多个环节,企业需要对产品的成本进行全面的计算和分析。在制定价格策略时,要确保价格覆盖产品的成本,并能够为企业带来合理的利润。同时也要根据市场需求和竞争情况,合理地制定产品的售价。若产品具有较高的成本,企业可以注重产品的差异化定位来提高消费者对产品的价值认可,从而支持较高的定价。

最后,企业还可以通过销售策略来引导消费者对价格的感知。农产品直播带货具有互动性和传播性的特点,企业可以通过直播节目中的特别优惠、折扣策略、捆绑销售等手段,使消费者获得实惠感,从而提高其购买意愿。同时,企业也应当注重与消费者建立信任,通过正面的品牌形象和良好的口碑效应,增强消费者对产品价格的接受度。

综上所述,农产品直播带货的价格定位需要兼顾消费者对价格的敏感度和产品的成本。充分考虑消费者对价格的敏感度、根据产品品质和市场需求进行合理定价,通过销售策略来引导消费者对价格的感知,企业可以在农产品直播带货的市场竞争中取得更好的竞争优势,实现销售增长和市场份额的提升。

3.地域定位

农产品直播带货的地域定位是决定营销成功与否的重要因素之一。地域定位主要以地方特色农产品为主,通过强调产品的地域特色,让消费者了解产品的文化背景和历史渊源,从而提高产品的附加值和竞争力。

首先,农产品直播带货的地域定位要以地方特色农产品为主。每个地区都有其独特的农产品资源和产业特色,企业可以根据地方的农产品特点,选择具有较高知名度和市场竞争力的农产品作为直播节目的主打产品,在充分展示地方特色农产品的独特性的同时,还能够提升消费者的兴趣和购买欲望。

其次,农产品直播带货的地域定位要通过直播节目向消费者传达地方特色农产品的文化背景和历史渊源。直播节目可以向消费者介绍产品所在地区的地理环境、气候条件、土壤特点等,解释这些因素对产品品质的影响。还可以介绍产品的独特制作工艺、传统加工方法、传统配料等,让消费者深入了解产品的独特价值。通过深入了解产品的文化背景和历史渊源,消费者能够更好地理解和认同产品价值。

再次,农产品直播带货的地域定位还可以通过直播节目展示地方特色农产品的生产过程和产地优势。直播节目可以邀请农民、生产者或相关专业人士到场,向消费者展示产品的种植、养殖、加工等过程,呈现农产品的纯天然特质和传统生产方式。消费者通过直播节目亲眼见证产品的生产过程,对其产地和生产方式产生更多信任和好感。在直播节目中突出产品的产地优势,如土壤肥沃、气候适宜、水资源丰富等,进一步增强产品的地域特色和市场竞争力。

最后,企业还可以通过直播节目中的互动环节和现场体验来增强产品的地域特色。例如,直播节目可以设置互动环节,让消费者在线上与农民或专业人士进行交流,提问与产品相关的问题,进一步增强消费者对产品的了解和认知。同时,直播节目可提供产品的现场体验,如品尝、烹饪教学等,让消费者亲身体验产品的风味和独特性,增加产品的吸引力和销售机会。

综上所述,农产品直播带货的地域定位是以地方特色农产品为主,通过强调产品的地域特色,让消费者了解产品的文化背景和历史渊源,提高产品的附加值和竞争力。通过直播节目向消费者传达产品的独特性、文化背景和产地优势,并通过互动和现场体验等方式引导消费者对产品的认知和购买欲望,从而实现销售额和市场份额的提升。

4.渠道定位

农产品直播带货的渠道定位是实现产品销售的关键。在当前互联网时代,农产品可以通过多种渠道进行销售,如何结合自身优势和目标客户的需求,选择合适的销售渠道,是农产品直播带货需要解决的问题之一。

首先,与电商平台合作,利用平台流量提高产品曝光度。电商平台如淘宝、京东、拼多多等拥有庞大的用户群体和流量优势,农产品直播带货可以通过与这些平台合作,提高产品的曝光度和知名度。一方面,可以通过平台提供的直播功能,进行农产品的直播带货,让消费者直观地了解产品特点和品质。另一方面,可以利用平台的流量优势,通过投放广告、参加平台活动等方式,提高产品的曝光度,吸引更多消费者的关注和购买。

其次,利用社交媒体、短视频平台等渠道,扩大产品影响力。社交媒体如微信、微博、抖音等具有广泛的用户基础和传播力,农产品直播带货可以通过这些渠道,扩大产品的影响力和知名度。一方面,可以通过发布产品信息、直播链接等方式,吸引粉丝关注和购买。另一方面,可以利用短视频平台的传播力,制作有趣、生动的产品宣传视频,提高产品的知名度和影响力。

再次,结合自身优势选择销售渠道。农产品直播带货要根据自身产品特点、品牌优势等选择合适的销售渠道。例如,对于有较强品牌影响力的农产品,可以通过与电商平台合作,利用平台的流量优势提高产品曝光度;而对于具有独特产品特点的农产品,可以通过社交媒体、短视频平台等渠道,展示产品的独特性和魅力,吸引消费者关注和购买。

最后,多渠道整合营销。在互联网时代,农产品直播带货可以通过多种渠道进行销售,实现多渠道整合营销。一方面,可以通过电商平台、社交媒体、短视频平台等渠道,进行产品宣传和推广,提高产品的知名度和影响力。另一方面,可以通过这些渠道收集消费者反馈和需求,优化产品和服务,提高消费者满意度。

总之,农产品直播带货的渠道定位要结合自身优势和目标客户的需求,通过与电商平台合作、利用社交媒体、短视频平台等渠道,扩大产品影响力。只有这样,农产品直播带货才能在激烈的市场竞争中取得优势,实现销售目标。

5.品牌形象定位

农产品直播带货的品牌形象定位是决定企业成功与否的关键因素之一。品牌形象是消费者对品牌的综合印象,直接影响消费者对品牌的认知、信任和忠诚度。在农产品直播带货中,企业应注重打造诚信、亲民、负责任的品牌形象,通过讲述产品故事、展示生产过程等方式,让消费者了解产品背后的故事,提高消费者对品牌的认同感和忠诚度。

首先,农产品直播带货的品牌形象定位要注重诚信。诚信是企业赢得消费者信任的基石,也是企业长期发展的重要保障。在直播节目中,企业应遵循承诺,真实地向消费者展示产品的特点、质量和效果。不夸大产品的功效,不虚假宣传,做到真实、客观、诚实地介绍产品,建立起消费者对品牌的信任。此外,企业还可以通过提供售后服务、积极回应消费者的问题和投诉等方式,展现对消费者诚信的态度,进一步增强品牌的信任度。

其次,农产品直播带货的品牌形象定位要注重亲民。亲民意味着品牌与消费者之间的亲切互动。在直播节目中,企业应注重与消费者的互动,回答消费者的疑问,解决他们的问题,提供个性化的服务。此外,直播节目还可以邀请知名主持人、网红或消费者代表进行互动和评价,让消费者感受到品牌对于消费者的重视和关注。通过这种亲民的品牌形象定位,企业可以更好地与消费者建立起情感连接,提高品牌的忠诚度和市场竞争力。

再次,农产品直播带货的品牌形象定位要注重负责任。负责任意味着企业对产品的质量、安全和环境保护负有责任和义务。在直播节目中,企业可以通过展示产品的生产过程、农场环境、生态保护措施等方式,让消费者了解品牌对于产品的质量控制和环境保护的重视。同时,企业应确保产品的质量和安全,遵循食品安全标准,保障消费者的健康和利益。通过诚实、负责任的品牌形象定位,企业可以树立起品牌的专业性和可靠性,赢得消费者的好感和信赖。

最后,企业还可以通过讲述产品故事、展示生产过程等方式来提升品牌形象。直播节目可以通过讲述产品的起源、种植/养殖过程、传统制作工艺、与当地文化的关联等方式,让消费者了解产品背后的故事,感受品牌的历史传承和文化积淀。同时,展示生产过程可以向消费者展示品牌对于产品质量和环境保护的关注,增强消费者对品牌的好感和认同感。通过讲述产品故事和展示生产过程,企业可以激发消费者的情感共鸣,加深他们对品牌的印象、提高对品牌的忠诚度。

综上所述,农产品直播带货的品牌形象定位要注重打造诚信、亲民、负责任的品牌形象。通过讲述产品故事、展示生产过程等方式,让消费者了解产品特点及背后的故事,提高消费者对品牌的认同感和忠诚度。在直播节目中注重诚信、亲民和负责任的定位,可以树立起消费者对品牌的好感和信任,增强品牌的竞争力和市场份额。

二、农产品直播带货的目标客户分析

农产品直播带货的目标客户主要是对农产品有需求的消费者,可以从以下几个方面进行分析。

1. 地域分布

随着电子商务和直播带货的兴起,农产品的销售范围不断扩大,越来越多的农产品开始走向全国乃至全球市场。在这样的背景下,分析农产品的产地和销售范围,以及目标客户的地域分布显得尤为重要。

首先,农产品的产地对目标客户的地域分布具有直接影响。农产品的品质和特色往往与产地密切相关,产地往往成为消费者选择农产品的重要因素,如新疆的葡萄干、浙江的龙井茶、山东的苹果等,这些农产品的产地特色鲜明,吸引了大量消费者。因此,农产品直播带货的目标客户地域分布会受到农产品产地的影响,主播需要根据产品产地的特点,精准定位目标客户群体。

其次,农产品的销售范围也对目标客户的地域分布产生影响。随着物流和电子商务的发展,越来越多的农产品可以便捷地销售到全国各地。然而,不同地区的消费者对农产品的需求和喜好存在差异,如南方消费者可能更喜欢口感鲜美的海鲜产品,而北方消费者可能更喜欢口感酥脆的坚果类产品。因此在直播带货过程中,主播需要根据农产品的销售范围,分析不同地区消费者的需求特点,制定相应的营销策略。

再次,国际市场的客户需求与国内市场的客户需求存在明显差异。国际市场对农产品的需求主要集中在高品质、绿色有机等方面,而国内市场在注重品质的同时,还关注价格和口感等其他因素。因此,对于面向国际市场的农产品,主播需要关注国际客户的购买习惯和需求特点,如了解国际客户对农产品的品质、品种、包装等方面的要求,以便更好地满足客户需求。

最后,在分析农产品产地和销售范围的基础上,主播可以更加精准地定位目标客户群体。对于主要销售给国内消费者的产品,主播可以关注其购买习惯和需求特点,通过强调产品的品质、口感和健康价值等优势,吸引国内消费者购买。而对于主要销售给国际市场的产品,主播可以关注其购买习惯和需求特点,通过强调产品的绿色有机、高品质和特色等优势,吸引国际客户购买。

总之,农产品直播带货的目标客户分析需要结合农产品的产地和销售范围,了解不同地区消费者的需求特点和购买习惯。通过精准定位目标客户群体,主播可以更好地制定营销策略,提高直播带货的效果。

2.年龄段分布

随着消费市场的多元化,不同年龄段的消费者对农产品的需求和购买力呈现出明显的差异。在农产品直播带货中,了解目标客户的年龄段分布,有助于主播更好地满足不同年龄段消费者的需求,提高销售效果。

首先,年轻消费者通常更关注农产品的品质和健康价值。随着健康意识的提高,年轻消费者在购买农产品时,更加注重产品的品质、营养成分和健康价值。他们更倾向于选择有机、绿色、无添加的农产品,对产品的口感和新鲜度也有较高要求。在直播带货过程中,主播可以针对年轻消费者的需求特点,强调产品的品质、健康价值和特色,吸引年轻消费者购买。

其次,中年消费者在购买农产品时,往往更加注重产品的性价比和实用性。这个年龄段的消费者通常有稳定的家庭和收入来源,对农产品的需求更加多元化,既关注产品的品质,也关注产品的价格和实用性。在直播带货过程中,主播可以针对中年消费者的需求特点,强调产品的性价比、实用性和高品质,吸引中年消费者购买。

再次,老年消费者在购买农产品时,通常更关注产品的价格和便利性。随着年龄的增长,老年消费者的生活节奏趋于缓慢,对农产品的需求也更加注重价格和便利性。他们更倾向于购买价格实惠、方便购买的农产品。在直播带货过程中,主播可以针对老年消费者的需求特点,强调产品的价格优势和购买便利性,吸引老年消费者购买。

最后，除了以上年龄段的消费者，还有儿童和青少年消费者。这个年龄段的消费者对农产品的需求主要受到家长的影响，家长在为他们选择农产品时，更加注重产品的健康价值和口感。在直播带货过程中，主播可以针对儿童和青少年消费者的需求特点，强调产品的健康价值和口感，吸引家长为他们购买。

总之，在农产品直播带货中，了解目标客户的年龄段分布，有助于主播更好地满足不同年龄段消费者的需求。通过分析不同年龄段消费者的需求特点和购买力，主播可以制定相应的营销策略，提高直播带货的效果。

3.收入水平

在农产品直播带货中，了解目标客户的收入水平对于确定农产品的定价策略和营销策略具有重要意义。通过分析农产品的价格和目标市场的消费水平，主播可以更加精准地定位目标客户群体，从而提高销售效果。

首先，目标客户收入水平是影响农产品价格的重要因素。不同收入水平的消费者对农产品的价格敏感度存在明显差异。低收入消费者更关注农产品的价格，而高收入消费者在关注价格的同时，更加注重产品的品质和特色。在直播带货过程中，主播可以根据农产品的价格定位，推测目标客户的收入水平和购买力，以便制定相应的营销策略。

其次，目标市场的消费水平也对目标客户的收入水平产生影响。在经济发达地区，消费者对农产品的需求更加多元化，对产品品质、口感和健康价值等方面的要求更高。而在经济欠发达地区，消费者对农产品的需求更加注重价格和实用性。因此，在直播带货过程中，主播可以根据目标市场的消费水平，推测目标客户的收入水平和购买力，以便制定符合市场需求的营销策略。

再次，不同农产品的消费群体也存在差异。有机蔬菜、精品水果等高端农产品的消费群体通常为高收入消费者，而普通蔬菜、日常水果等大众农产品的消费群体则涵盖各个收入水平的消费者。在直播带货过程中，主播需要根据农产品的类型和定位，分析目标客户的收入水平和购买力，以便更好地满足客户需求。

最后，在了解了目标客户的收入水平和购买力后，主播可以更加精准地制定农产品的定价策略和营销策略。对于高端农产品，主播可以采用高定价策略,强调产品的品质和特色,吸引高收入消费者购买。而对于大众农产品,主播可以采用适中定价策略,兼顾产品的价格和品质,吸引各个收入水平的消费者购买。

总之,在农产品直播带货中,了解目标客户的收入水平和购买力对于确定农产品的定价策略和营销策略具有重要意义。通过分析农产品的价格和目标市场的消费水平,主播可以更加精准地定位目标客户群体,提高直播带货的效果。

4.购买习惯

在农产品直播带货中,了解目标客户的购买习惯对于制定有效的销售策略和话术具有重要意义。通过分析目标客户的购买习惯,主播可以更加精准地满足客户需求,提高直播带货的效果。

首先,分析目标客户更倾向于线上购买还是线下购买。随着电子商务的快速发展,越来越多的消费者开始转向线上购买农产品。然而部分消费者仍然更倾向于线下购买,因为线下购买可以直观地观察产品品质,且能够立即取得商品。在直播带货过程中,主播需要了解目标客户的购买习惯,以便制定相应的销售策略。对于更倾向于线上购买的目标客户,主播可以着重强调产品的品质、价格和便利性;而对于更倾向于线下购买的目标客户,主播可以通过直播展示产品的实际品质,同时强调线上购买的便利性和价格优势。

其次,分析目标客户在购买农产品时更关注哪些方面的信息。不同消费者在购买农产品时的关注点存在差异。有些消费者更关注产品品质,注重产品的口感、营养成分和健康价值;有些消费者更关注价格,希望购买到物美价廉的农产品;还有些消费者关注品牌,倾向于购买知名品牌的产品。在直播带货过程中,主播需要了解目标客户的需求特点,以便制定相应的销售话术。对于关注产品品质的客户,主播可以着重介绍产品的特色和健康价值;对于关注价格的客户,主播可以通过限时优惠、秒杀活动等方式,强调产品的价格优势;对于关注品牌的客户,主播可以介绍农产品的品牌背景、企业文化及信誉度,提高客户的信任感。

最后,了解目标客户的购买频次和购买时间也是制定直播带货策略的重要因素。有些消费者定期购买农产品，而有些消费者则根据需求随时购买。在直播带货过程中，主播可以根据目标客户的购买频次和购买时间，合理安排直播时间和内容，以便更好地满足客户需求。对于定期购买的客户，主播可以在固定时间进行直播，提供稳定的产品和服务；对于随时购买的客户，主播可以不定期进行直播，根据市场需求调整产品和策略。

总之，在农产品直播带货中，了解目标客户的购买习惯对于制定有效的销售策略和话术具有重要意义。

5.健康意识

在农产品销售中，分析目标客户的健康意识对农产品销售具有重要意义。随着人们对健康生活的关注度不断提高，了解客户对农产品的健康需求和期望，有助于推广农产品的健康价值，提高销售效果。

首先，主播应了解目标客户对农产品健康价值的需求和期望。现代社会越来越多的消费者开始关注食品的健康价值，注重食品的营养成分、安全性和健康性。在购买农产品时，消费者可能会关注产品的种植方式、生长环境、加工过程等方面的信息，以确保产品的健康价值。在销售农产品时，主播需要了解目标客户对农产品健康价值的需求和期望，以便更好地满足客户需求。对于注重食品安全性的客户，主播可以强调农产品的种植和加工过程符合严格的标准；对于注重营养成分的客户，主播可以介绍农产品所含的营养成分和健康价值。

其次，主播应了解目标客户对农产品健康价值的认知程度。不同消费者对农产品健康价值的认知程度存在差异。有些消费者对农产品的健康价值有深入了解，能够辨别不同农产品的优劣；而有些消费者对农产品的健康价值了解不足，需要通过宣传和教育提高其认知程度。在销售农产品时，主播需要了解目标客户对农产品健康价值的认知程度，以便制定相应的宣传策略。对于已经深入了解农产品健康价值的客户，主播可以着重介绍产品的特色和优势；而对于对农产品健康价值了解不足的客户，主播可以通过直播讲解、互动问答等方式，提高客户对农产品健康价值的认知程度，从而促进销售。

最后，了解目标客户的健康生活方式和饮食习惯也是推广农产品健康价值的重要因素。不同消费者的生活方式和饮食习惯存在差异。有些消费者注重均衡饮食，关注食品的营养搭配；有些消费者注重有机食品，倾向于购买有机农产品；还有些消费者注重饮食养生，关注农产品的食疗价值。在销售农产品时，主播需要了解目标客户的健康生活方式和饮食习惯，以便制定相应的产品策略和营销策略。对于注重均衡饮食的客户，主播可以推出搭配合理的农产品组合；对于注重有机食品的客户，主播可以推广有机农产品，强调产品的环保和健康性；对于注重饮食养生的客户，主播可以介绍农产品的食疗价值和文化底蕴。

总之，在农产品销售中，分析目标客户的健康意识对农产品销售具有重要意义。了解客户对农产品的健康需求和期望，有助于推广农产品的健康价值，提高销售效果。主播需要关注目标客户的健康生活方式、饮食习惯以及对农产品健康价值的认知程度，在此基础上制定相应的产品策略和营销策略，更好地满足客户需求。

第二节
农产品直播带货的营销手段与技巧

一、农产品直播带货的营销手段

在当前数字化时代,直播带货已经成为一种新型的销售方式,农产品直播带货的营销手段主要包括以下几点。

1. 场景营销

场景营销是一种以消费者为中心的营销策略,通过营造具有吸引力和感染力的场景,使消费者在体验过程中产生共鸣,从而激发购买欲望。

首先,直播时可以展示农产品的生长环境和生产过程。在直播过程中,主播可以带领消费者参观农田、果园、养殖场等农产品的生长环境,让消费者了解农产品的生长过程和生长环境。此外,主播还可以展示农产品的生产过程,如种植、施肥、浇水、采摘等环节,让消费者更加直观地了解农产品的生产过程。通过这种方式,消费者可以更加清晰地了解农产品的品质和特点,增强对农产品的信任度。

其次,直播时可以展示农产品的加工工艺和制作过程。在直播过程中,主播可以带领消费者参观农产品的加工车间,展示农产品的加工工艺和制作过程。主播可以展示农产品的清洗、切割、烘烤、包装等环节,让消费者了解农产品从原材料到成品的整个加工过程。通过这种方式,消费者可以更加清晰地了解农产品的加工工艺和制作过程,增强其对农产品的信任度和购买意愿。

再次,通过场景营销可以营造具有吸引力和感染力的购买场景。在直播过程中,主播可以通过讲述农产品背后的故事、展示农产品的特色文化等方式,营造具有感染力的购买场景。主播可以讲述农产品的种植历史、传承故事,让消费者了解农产品的文化底蕴;或者通过展示农产品的特色烹饪方法、食疗价值等,让消费者更加直观地了解农产品的特点和优势。通过以上方式,消费者可以在体验过程中产生共鸣,激发购买欲望。

最后,通过互动式直播可以增强消费者的代入感和参与感。在直播过程中,主播可以与消费者进行实时互动,回答消费者的问题、收集消费者的反馈等。此外,主播还可以邀请消费者参与到农产品的生产、加工、品尝等环节中,让消费者亲身感受农产品的品质和特点。通过这些方式,消费者可以更加深入地了解农产品,增强对农产品的信任度和购买意愿。

总之,在农产品销售中,通过直播的形式展现农产品的生长环境、生产过程、加工工艺等真实场景,可以增强消费者的代入感和信任度,提高购买意愿。主播需要关注场景营销的应用,通过营造具有吸引力和感染力的场景,使消费者在体验过程中产生共鸣,从而激发其购买欲望。

2.情感营销

情感营销是一种以消费者情感为核心驱动力的营销策略,通过情感传递产生情感共鸣,拉近与消费者的距离,提高消费者对产品的认可度和忠诚度。在农产品销售中,情感营销的应用可以增强消费者对农产品的情感认同,提高购买意愿。

首先,可以讲述农产品背后的故事,引发消费者的情感共鸣。在直播过程中,主播可以通过讲述农产品背后的故事,如农户的辛勤付出、家乡的风土人情等,让消费者深入了解农产品的来源和文化底蕴。主播可以讲述农户如何精心种植、养护农产品,以及种植农产品过程中的种种艰辛和收获的喜悦,让消费者感受到农户的辛勤付出和对农产品的热爱。通过以上方式,消费者可以更加深入地了解农产品的来源和故事,产生情感共鸣,从而提高购买意愿。

其次,可以展示农产品的独特性,激发消费者的情感认同。在直播过程中,主播可以通过展示农产品的独特性,如特色品种、独特口感、健康价值等,让消费者更加直观地了解农产品的特点和优势。主播可以邀请消费者品尝农产品,让消费者亲身体验农产品的独特口感和健康价值;或者通过展示农产品的特色烹饪方法、食疗价值等,让消费者更加深入地了解农产品的独特性。通过以上方式,消费者可以在体验过程中产生情感认同,提高购买意愿。

再次,可以通过情感化的直播场景设计,营造具有感染力的购买氛围。在直播过程中,主播可以通过情感化的场景设计,如温馨的农家小院、美丽的田园风光等,让消费者在观看直播的过程中感受到愉悦和舒适。此外,主播还可以通过音乐、语言等手段,营造具有感染力的购买氛围。通过以上方式,消费者可以在体验过程中产生愉悦和舒适的情感,从而提高购买意愿。

最后,可以通过互动式直播增强消费者的情感连接。在直播过程中,主播可以与消费者进行实时互动,回答消费者的问题、收集消费者的反馈等。此外,主播还可以邀请消费者参与到农产品的生产、加工、品尝等环节中,让消费者亲身感受农产品的品质和特点。通过这种方式,消费者可以更加深入地了解农产品,增强对农产品的情感连接和忠诚度。

总之,在农产品销售中,通过情感营销的应用可以增强消费者对农产品的情感认同,提高购买意愿。主播需要关注情感营销的应用,通过讲述农产品背后的故事,展示农产品的独特性,采用情感化的直播场景设计、互动式直播等方式,引发消费者的情感共鸣和认同,从而提高农产品的销售。

3.口碑营销

口碑营销是一种以消费者口碑为核心驱动力的营销策略,通过消费者的口口相传,提高产品或服务的知名度和美誉度。在农产品销售中,口碑营销的应用可以提高农产品的口碑传播效果,增强消费者的购买意愿。

首先,邀请消费者体验农产品,可以激发口碑传播的源头。在直播过程中,主播可以邀请消费者体验农产品,通过亲自试吃、试用等方式,让消费者深入了解农产品的品质和特点。主播可以邀请消费者品尝新上市的水果,让消费者亲身体验农产品的新鲜度和口感;或者邀请消费者参观农产品的种植基地,让消费者深入了解农产品的生长环境和种植过程。通过这种方式,消费者可以在体验过程中产生积极的口碑传播源头,从而提高购买意愿。

其次,鼓励消费者分享购买和食用体验,扩大口碑传播的范围。在直播过程中,主播可以鼓励消费者分享购买和食用体验,通过社交媒体、直播平台等渠道,让消费者将自己的体验和感受传递给更多的人。主播可以设置互动环节,让消费者在直播过程中分享自己的购买和食用体验,或者邀请消费者在社交媒体上分享自己的体验和感受。通过以上方式,消费者可以在分享过程中扩大口碑传播的范围,提高购买意愿。

再次,优质的产品和服务,可以提高消费者的口碑传播意愿。在直播过程中,主播需要关注农产品的品质和服务,确保消费者在购买和食用过程中能够获得良好的体验。主播需要关注农产品的新鲜度、口感、健康价值等方面,确保消费者在购买和食用过程中能够获得满意的体验;同时,主播还需要关注售后服务,确保消费者在遇到问题时能够得到及时的解决和帮助。通过以上方式,消费者可以在体验过程中产生积极的口碑传播意愿,从而提高购买意愿。

最后,通过激励机制可以激发消费者的口碑传播动力。在直播过程中,主播可以设置激励机制,鼓励消费者进行口碑传播。主播可以设置积分、优惠券、抽奖等激励机制,让消费者在进行口碑传播时获得一定的奖励和回报。通过以上方式,消费者可以在激励机制的驱动下更加积极地进行口碑传播,提高购买意愿。

总之,在农产品销售中,通过口碑营销的应用可以提高农产品的口碑传播效果,增强消费者的购买意愿。主播需要关注口碑营销的应用,通过邀请消费者体验农产品、鼓励消费者分享购买和食用体验、提供优质的产品和服务、设置激励机制等方式,激发消费者的口碑传播动力,从而提高农产品的销售效果。

4.饥饿营销

饥饿营销是指通过限制农产品的供应量,制造供不应求的假象,从而激发消费者的购买欲望。在直播过程中,可以通过限时抢购、秒杀等活动形式,制造紧张氛围,促使消费者迅速下单。在农产品销售中,饥饿营销的应用可以提高消费者的购买意愿和购买速度。

首先,通过限时抢购活动,营造紧张氛围。在直播过程中,主播可以设置限时抢购活动,让消费者在规定的时间内购买农产品。主播可以在直播过程中宣布某个农产品的限时抢购活动，让消费者在接下来的1小时内进行购买。通过这种方式，消费者会感受到时间的紧迫性，从而产生购买的冲动。

其次，通过秒杀活动，激发消费者的购买欲望。在直播过程中，主播可以设置秒杀活动，让消费者在规定的时间内以极低的价格购买农产品。主播可以在直播过程中宣布某个农产品的秒杀活动，比如让消费者在接下来的1分钟内以1元的价格购买。通过这种方式，消费者会感受到低价的诱惑力，从而产生购买的欲望。

再次，通过限制农产品的供应量，制造供不应求的假象。在直播过程中，主播可以宣布农产品的库存数量有限，促使消费者迅速下单。主播可以在直播过程中宣布某个农产品只剩下100份，促使消费者在短时间内完成购买。通过这种方式，消费者会感受到产品的稀缺性，从而产生购买的紧迫感。

最后，通过活动形式的多样性，提高消费者的参与度。在直播过程中，主播可以设置多种活动形式，如抽奖、拼团等，让消费者在参与活动的过程中产生购买欲望。主播可以设置拼团活动，让消费者在拼团成功后以更低的价格购买农产品。通过这种方式营销，消费者会感受到活动的趣味性，从而提高参与度和购买意愿。

总之，在农产品销售中，通过饥饿营销的应用可以提高消费者的购买意愿和购买速度。主播需要关注饥饿营销的应用，通过限时抢购、秒杀、限制供应量、多样化的活动形式等方式，制造紧张氛围，激发消费者的购买欲望，从而提高农产品的销售效果。同时，主播需要注意饥饿营销的力度，避免让消费者产生反感和失望的情绪。

5.社交营销

社交营销是通过社交媒体平台扩大产品传播范围，提高品牌知名度的营销策略。在农产品销售中，社交营销的应用可以提高农产品的知名度和销售效果。

首先，通过分享直播链接到各大社交媒体平台，扩大农产品的传播范围。在直播过程中，主播可以将直播链接分享到各大社交媒体平台，如微信、微博、抖音等，让消费者在社交媒体平台上关注和参与直播。通过这种方式，农产品的传播范围可以得到扩大，从而吸引更多的消费者关注和参与。

其次，通过与社交媒体平台上的意见领袖合作，提高农产品的品牌知名度。在直播过程中，主播可以邀请社交媒体平台上的意见领袖参与直播，与意见领袖互动，让消费者感受到农产品的品牌价值和口碑。通过这种方式，农产品的品牌知名度可以得到提高，进而吸引更多的消费者关注和购买。

再次，通过社交媒体平台上的互动活动，提高消费者的参与度。在直播过程中，主播可以设置互动活动，如抽奖、问答等，让消费者在社交媒体平台上参与活动，提高消费者的参与度和购买意愿。通过这种方式，消费者可以感受到农产品带货的趣味性和互动性，从而提高购买意愿。

最后，通过社交媒体平台的数据分析，优化农产品的营销策略。在直播过程中，主播可以通过社交媒体平台的数据分析，了解消费者的兴趣、需求和行为特征，从而优化农产品的营销策略。例如，主播可以根据社交媒体平台的数据分析，调整直播内容和活动形式，以更好地满足消费者的需求和兴趣。

总之，在农产品销售中，社交营销可以提高农产品的知名度和销售效果。主播需要关注社交营销的应用，通过分享直播链接、与意见领袖合作、设置互动活动、数据分析等方式，扩大农产品的传播范围，提高品牌知名度，吸引更多的消费者关注和购买。同时，主播需要注意社交营销的力度，避免让消费者产生反感和失望的情绪。

二、农产品直播带货的营销技巧

农产品直播带货的营销技巧主要涉及直播前的准备、直播中的互动以及直播后的维护等方面。掌握以下几点技巧，可以有效提高农产品直播带货的效果。

1. 选品策略

选品是直播带货的关键，选择品质优良、具有差异化竞争优势的农产品对于提高直播带货的效果至关重要。在选择农产品时,主播需要关注以下几个方面。

首先,关注农产品的品质。品质优良的农产品可以提高消费者的购买意愿和满意度,有利于提高直播带货的效果。主播需要对农产品的品质进行严格的把关,选择品质优良的农产品进行直播带货。

其次,关注农产品的差异化竞争优势。具有差异化竞争优势的农产品可以吸引更多的消费者关注和购买。主播需要对市场上的农产品进行了解和研究,选择具有差异化竞争优势的农产品进行直播带货。

最后,关注消费者的需求。主播需要了解消费者的需求和喜好,选择符合消费者需求的农产品进行直播带货。例如,主播可以根据消费者的健康需求,选择绿色、有机、无添加的农产品进行直播带货。

另外,在选择农产品后,主播需要对农产品进行详细的了解和研究,掌握其特点和优势,以便在直播过程中更好地向消费者推介。主播可以从以下几个方面对农产品进行了解和研究。

其一,了解农产品的产地和生产过程。产地和生产过程对农产品的品质和口感有很大的影响。主播可以通过实地考察、与农户沟通等方式,了解农产品的产地和生产过程,向消费者传递农产品的品质和口感优势。

其二,了解农产品的营养价值和功效。营养价值和功效是消费者选择农产品的重要因素。主播需要了解农产品的营养价值和功效,向消费者传递农产品的健康价值。

其三,了解农产品的文化背景和故事。文化背景和故事可以增加农产品的情感价值,提高消费者的购买意愿。主播可以通过了解农产品的历史、传承、制作工艺等方面,向消费者传递农产品的文化价值。

总之,在直播带货中,选品是关键。主播需要选择品质优良、具有差异化竞争优势的农产品,以满足消费者的需求。同时,主播需要对农产品进行详细的了解和研究,掌握其特点和优势,以便在直播过程中更好地向消费者推介。通过选品和推介的优化,可以提高直播带货的效果,实现农产品销售的目标。

2.场景布置

直播场景的布置对于直播带货的效果有很大的影响。在农产品销售中，直播场景的布置要贴近农产品的生长环境和生产过程，这样可以提高消费者的参与度和购买意愿，实现农产品销售的目标。

首先，直播场景的布置要贴近农产品的生长环境。农产品的生长环境对于其品质和口感有很大的影响。主播可以在直播场景中加入与农产品生长环境相关的元素，如土壤、水源、气候等，让消费者更加了解农产品的生长环境，从而提高购买意愿。

其次，直播场景的布置要贴近农产品的生产过程。农产品的生产过程对其品质和安全性有很大的影响。主播可以在直播场景中加入与农产品生产过程相关的元素，如种植、施肥等，让消费者更加了解农产品的生产过程，从而提高购买意愿。

最后，可以通过运用虚拟现实、增强现实等技术，让消费者更加直观地了解农产品的生产过程。例如，主播可以利用虚拟现实技术，让消费者身临其境地体验农产品的生长环境和生产过程，从而提高消费者的参与度和购买意愿。

总之，在农产品销售中，直播场景的布置要贴近农产品的生长环境和生产过程。同时，主播需要关注直播场景布置的技术创新，利用虚拟现实、增强现实等技术，提高消费者的参与度和购买意愿。

3.主播培养

主播是直播带货的核心，选择具有亲和力、表达能力强、熟悉农产品知识的主播可以提高直播带货的效果。主播需要具备以下特点和能力。

首先，具有亲和力。亲和力强的主播可以拉近与消费者的距离，增强消费者的信任感和购买意愿。主播需要具备良好的沟通能力和亲和力，让消费者感到舒适和信任。

其次，表达能力强。表达能力强的主播可以更好地向消费者传递产品信息和优势，提高消费者的购买意愿。主播需要具备清晰、准确、生动的表达能力，让消费者更好地了解产品。

最后,熟悉农产品知识。熟悉农产品知识的主播可以更好地向消费者传递农产品的特点和优势,提高消费者的购买意愿。主播需要具备丰富的农产品知识,包括农产品的生长环境、生产过程、营养价值等方面。

另外,在选择主播后,要对主播进行专业的培训,提高其直播技能,掌握更多产品知识。培训内容可以包括直播技巧、产品知识、沟通技巧等方面。通过培训,主播可以更好地掌握直播技能和产品知识,提高直播带货的效果。

总之,在直播带货中,主播是核心。选择具有亲和力、表达能力强、熟悉农产品知识的主播可以提高直播带货的效果。同时,要对主播进行专业的培训,提高其直播技能,以便在直播过程中更好地与消费者互动。通过选品、场景布置、主播培养等方面的优化,可以提高直播带货的效果,实现农产品销售的目标。

4.互动策略

在直播过程中,积极与消费者互动是非常重要的。通过问答、抽奖、试吃等方式,可以激发消费者的参与热情,提高直播带货的效果。同时,针对消费者的反馈和疑问,及时进行解答和回应,可以提高消费者的信任度和满意度。

首先,通过问答、抽奖、试吃等方式,可以激发消费者的参与热情。主播可以在直播过程中设置互动环节,让消费者参与到直播中来。主播可以设置问答环节,让消费者回答关于农产品的问题,答对的消费者可以获得奖品。通过这种方式,可以提高消费者的参与度和购买意愿。

其次,针对消费者的反馈和疑问,及时进行解答和回应,可以提高消费者的信任度和满意度。消费者在购买农产品时,可能会有各种疑问和顾虑。主播需要及时解答消费者的疑问,回应消费者的反馈,让消费者感到被重视和尊重。通过这种方式,可以提高消费者的信任度和满意度,增加消费者的购买意愿。

总之,在直播带货中,积极与消费者互动是非常重要的。通过问答、抽奖、试吃等方式,可以激发消费者的参与热情。同时,针对消费者的反馈和疑问,及时进行解答和回应,可以提高消费者的信任度和满意度。主播需要关注消费者的参与度和满意度,提高直播带货的效果,实现农产品销售的目标。

5.售后服务

及时处理消费者的售后问题,如退换货、投诉等,可以提高消费者的满意度和信任度,增加消费者的回购率和口碑传播。同时,要对消费者的购买行为进行分析,了解其需求和喜好,以便在后续的直播带货中更好地满足消费者的需求。

首先,及时处理消费者的售后问题。消费者在购买农产品后,可能会遇到各种问题,如产品质量问题、物流问题等。主播需要及时处理消费者的售后问题,让消费者感到被重视和尊重。对于退换货、投诉等问题,主播需要建立完善的售后服务机制,确保消费者的权益得到保障。通过这种方式,可以提高消费者的满意度和信任度,增加消费者的回购率和口碑传播。

其次,对消费者的购买行为进行分析。通过对消费者的购买行为进行分析,可以了解消费者的需求和喜好,以便在后续的直播带货中更好地满足消费者的需求。分析内容可以包括消费者的购买频次、购买时间、购买产品等方面。通过分析,可以了解消费者的喜好和需求,为后续的直播带货提供参考。

总之,农产品直播带货的营销手段和技巧是相辅相成的,只有将两者结合起来,才能真正实现农产品直播带货的效果最大化。

第三节
农产品直播带货的营销案例分析

福建省泉州市泉港区界山镇东张村是一个以农业为主的村落,一直以来,东张村在农产品的生产和销售方面都有着丰富的经验。近年来,随着电子商务的兴起,东张村也积极拥抱互联网,利用淘宝等电商平台,成功地将农产品销售推向了一个新的高度。

东张村的农产品电商销售模式是以"直播销售农产品+智慧农业+乡村游"为主导的现代化智慧农业电商直播运营模式。这种模式改变了传统的农业种植养殖和销售方式,将优质的农产品销售到周边省市。在农产品线上销售方面,东张村紧紧抓住了直播带货的热潮,聘请当地高颜值网红主播深入农业企业及合作社的田间地头,免费帮助农户开展直播带货。这种新颖的销售方式不仅吸引了大量的消费者,也为农户带来了实实在在的收益。

为了提高农户的直播带货能力,东张村还组织了直播带货培训班,培训当地农户掌握直播带货技巧。通过培训,农户们不仅学会了如何进行直播,还学会了如何挑选优质农产品、如何与消费者互动等技巧。这种培训方式不仅提高了农户的直播带货能力,也为东张村的农产品销售打造了一支强大的生力军。

东张村直播带货的"新"主要体现在以下几方面。

一、培养当地农民为主的直播人才

通过培养当地的土生土长的农户和小有名气的网红掌握直播带货的技巧,东张村不仅降低了传统农业企业花大价钱请明星带货的成本,还为农产品销售创造了更多的机会。

首先,培养当地农民为主的直播人才可以降低带货成本。在传统的直播带货模式中,企业往往需要花费较高的成本聘请明星或专业主播进行带货。而在东张村的直播带货模式中,通过培养当地的农户和网红,东张村成功降低了带货成本。这些当地的直播人才不仅具有一定的知名度,还能以较低的成本为农产品销售创造更多的机会。

其次,培养当地农民为主的直播人才可以提高农产品的可信度。在直播带货过程中,消费者往往更加信任来自真实生产者的信息。通过培养当地的农户成为直播人才,东张村让消费者更加了解农产品的真实情况,从而更容易产生购买意愿。

最后,培养当地农民为主的直播人才还可以提高农产品的品牌知名度。在直播带货过程中,当地的农户和网红可以通过自己的影响力为农产品打造品牌。

总之,在东张村的直播带货模式中,培养当地农民为主的直播人才是一个重要的策略,可以降低带货成本、提高农产品的可信度和品牌知名度,这种策略为东张村的农产品销售创造了更多的机会。这种成功的经验为其他地区提供了有益的借鉴和启示。

二、不受人员、时间限制直播

农户自己就可以完成直播的整个过程,这意味着农户可以根据自己的需要随时随地进行直播。这种灵活的直播方式不仅让农户可以更好地展示自己的农产品,还为直播带货增添了更多的真实性。

首先,农户自己完成直播可以更好地展示农产品。在直播过程中,农户可以详细介绍农产品的生产过程、品质特点等信息,让消费者更加了解农产品的真实情况。此外,农户还可以通过直播展示自己的农庄和种植环境,让消费者更加信任农产品的品质。这种真实性为东张村的农产品销售创造了更多的机会。

其次,不受人员、时间限制的直播使得农户可以随时随地进行直播。在传统的直播带货模式中,主播的时间安排往往成为制约直播效果的一个因素。而在东张村的直播带货模式中,农户可以根据自己的需要进行直播,从而更好地满足消费者的需求。在农产品收获的高峰期,农户可以增加直播频次,让消费者实时了解农产品的最新情况。这种灵活性为东张村的农产品销售创造了更多的机会。

最后,农户自己完成直播还可以降低直播带货的成本。在传统的直播带货模式中,聘请专业主播往往需要花费较高的费用。而在东张村的直播带货模式中,农户自己完成直播可以节省这部分费用,从而提高农产品的利润空间。这对于东张村的农庄经济发展具有重要意义。

总之,在东张村的直播带货模式中,不受人员、时间限制的直播是一个显著的特点。农户自己完成直播可以更好地展示农产品、随时随地进行直播以及降低直播带货的成本。

三、直播与地方方言相结合

在直播过程中,主播时不时地加入当地的方言口音,使得直播更具亲和力,吸引了福建省及外地的消费者观看。这种独特的直播方式不仅让观众感受到了浓厚的地方文化特色,还为东张村的农产品销售创造了更多的机会。

首先,地方方言的使用使得直播更具亲和力。方言作为地方文化的一部分,具有极强的地域特色,能够拉近主播与观众之间的距离。在直播过程中,主播使用方言与观众互动,使得观众感受到了家的温馨,从而更容易产生购买农产品的欲望。

其次,地方方言的使用吸引了更多本地的消费者观看。在东张村的直播带货模式中,除了要吸引远处的消费者,还要关注身边的潜在消费者。通过使用方言进行直播,东张村成功地吸引了更多本地的消费者关注。这些消费者在观看直播的过程中,不仅能够了解到东张村的农产品,还能感受到家乡的气息,从而更愿意购买东张村的农产品。

最后,地方方言的使用还为东张村的农产品品牌建设提供了有力的支持。在直播过程中,方言的使用使得东张村的农产品品牌更具特色,更容易被消费者记住。这种品牌效应的提升为东张村的农产品销售创造了更多的机会。

总之,在东张村的直播带货模式中,将直播与地方方言相结合是一种独特的策略。这种策略不仅增强了直播的亲和力,吸引了更多本地的消费者观看,还为东张村的农产品品牌建设提供了有力的支持。这种独特的直播方式为其他地区提供了有益的借鉴和启示。

四、定期举办线下游农庄采摘活动

粉丝们在观看直播带货的同时,有机会亲近大自然,亲身感受智慧农业的魅力。对于直播间所展示的智慧农业生产、蔬菜大棚、无土栽培、鸡鸭鹅的饲养过程等,粉丝们都充满了好奇。定期举办线下农庄见面会和游农庄活动,不仅能够留住粉丝、增加粉丝量,还能为农户开拓新的收入来源。

在这些活动中,乡村全鹅宴、乡村海鲜大餐、智慧农业生产科普和乡村游等项目吸引了众多粉丝的关注。这些活动让粉丝们有机会品尝到新鲜、美味的农产品,了解智慧农业的生产过程,同时还能在美丽的乡村环境中放松心情。这些独特的体验在普通的直播间和电商平台上是无法获得的。

线下游农庄采摘活动的举办,为东张村的农产品销售注入了新的活力。粉丝们在参加活动的过程中,可以亲自体验农产品的采摘和制作过程,加深对农产品的认识。这种互动式的体验不仅增强了粉丝对农产品的信任度,也为农户带来了更多的销售机会。

同时,这些活动还为东张村的农产品品牌建设提供了有力的支持。通过举办各种活动,东张村成功地塑造了自己独特的品牌形象,提高了农产品的知名度和美誉度。这种品牌效应不仅吸引了更多的粉丝关注,也为东张村的农产品销售创造了更多的机会。

总之,定期举办线下游农庄采摘活动是东张村农产品电商销售模式的一个重要特色。这种活动不仅为粉丝提供了独特的体验,也为农户带来了实实在在的收益。相信在未来的日子里,这种活动将会为东张村的农产品销售注入更多的活力。

界山镇东张村的直播带货模式之所以新颖,是因为它不仅拥有淘宝直播带货的新模式，还更加注重将本地特有的人员优势和大棚优势展现出来。在这个过程中，东张村积极发展农家乐、智慧农业采摘、农业科普研学旅游、休闲垂钓、亲子乡村游等特色乡村旅游项目，为增加农民收入、带动区域乡村经济发展作出了积极贡献。

首先，东张村充分利用本地特有的人员优势。这里的农户们具有丰富的农业经验和专业知识，他们通过直播带货的方式，将这些知识分享给粉丝，让粉丝们更加了解农产品的生产过程。同时，农户们还通过线下农庄见面会和游农庄活动，与粉丝进行面对面的交流，进一步增进彼此之间的信任。这种人员优势为东张村的直播带货模式提供了强大的支持。

其次，东张村的大棚优势也是其直播带货模式的一大特色。通过智慧农业技术的应用，东张村实现了蔬菜大棚的高效生产，为粉丝提供了新鲜、优质的农产品。同时，这种大棚优势还为东张村的特色乡村旅游项目提供了有力的支持。粉丝们在参观大棚的过程中，可以亲身感受智慧农业的魅力，加深对现代农业生产的认识。

最后，东张村还积极发展农家乐、农业科普研学旅游、休闲垂钓、亲子乡村游等特色乡村旅游项目。这些项目不仅为粉丝提供了丰富的乡村生活体验，还为农庄增加了收入。在这些项目中，乡村全鹅宴、乡村海鲜大餐、智慧农业生产科普、乡村游等独具特色，吸引了众多粉丝的关注。

总之，界山镇东张村的直播带货模式之所以新颖，是因为它成功地将本地特有的人员优势、大棚优势与淘宝直播带货的新模式相结合。通过发展特色乡村旅游项目，东张村为增加农庄收入、带动区域乡村经济发展作出了积极贡献。这种模式为其他地区提供了有益的借鉴和启示。

第四章
农产品直播带货的主播素养

- 农产品直播带货的主播特征
- 农产品直播带货的主播能力构成

第一节

农产品直播带货的主播特征

一、农产品直播带货主播的要求

1. 价值观

首先,诚信为本。作为主播,应秉持诚信原则,对观众负责,对产品负责,如实介绍农产品,不夸大其词,不虚假宣传。其次,质量为王。主播要注重农产品的质量,选择优质的农产品推荐给观众,同时倡导绿色、健康、环保的消费理念。再次,服务为要。主播应重视售后服务,及时解决观众在购买过程中遇到的问题,提高购物体验。从次,要有责任担当。在推荐农产品的同时,主播还应积极推广农业知识,帮助消费者提高对农产品的认知,促进农业的发展。最后,要回馈社会。通过直播带货,主播可以带动当地农产品的销售,增加农民收入,助力乡村振兴。也可以通过公益活动等形式回馈社会,提升社会影响力。

2. 文化修养

农产品直播带货主播需要对农产品相关知识有深入的了解,包括但不限于农产品的种植、养殖、加工等方面。这不仅有助于他们在直播中向观众传递正确的信息,也能增强他们作为主播的权威性。直播带货中,语言表达能力尤为重要。

作为一名主播,其言谈举止都会影响到观众的观感。因此,农产品直播带货主播需要具备较高的文化素养,直播过程中应体现出对中华优秀传统文化的尊重和传承。这不仅可以提升直播的品质,也能增强观众对主播及其推介的农产品的信任感。

在直播带货中,主播需要遵守相关的法律法规,如广告法、消费者权益保护法等。他们需要了解这些法律,避免在直播中出现违规行为,从而保护自己和消费者的合法权益。

农产品直播带货主播应秉持诚实守信的原则,不夸大其词,真实反映农产品的品质。他们还需要关注社会道德,通过公益直播等方式回馈社会,传递正能量。

冯梦瑄与丛红艳认为,东方甄选直播间的主播们拥有较高的文化修养,他们能够用深入浅出的方式将商品知识、生活常识和历史文化等知识传递给观众(冯梦瑄、丛红艳,2022)。[1]举例来说,主播们在介绍商品时,不仅仅局限于商品本身的信息,还会延伸出红酒的酿造过程、产区特点以及品鉴技巧等,让观众不仅了解到商品本身,还能了解到相关的文化和知识。此外,主播们还会分享自己的生活经验和感悟,让直播间充满人文关怀和情感共鸣。这种文化修养不仅提升了直播内容的品质,也为主播们树立了良好的形象,吸引了大量观众的关注和喜爱。

3.道德品质

农产品带货主播作为直接与消费者对接、传递产品信息的人员,良好的职业操守是必不可少的。对于农产品带货主播而言,诚实是获取消费者信任的关键。主播必须保证所推荐产品的真实性,不夸大其词,也不隐瞒关键信息。比如主播推荐大米,那么他就必须确保这款大米的质量和口感都是真实描述,不能只说优点而不提缺点。主播应当为消费者提供准确、全面的产品信息,以便他们做出明智的购买决定。同时,如果产品出现问题,主播应及时向消费者反馈,并协助解决问题。比如主播在发现某款水果存在农药残留问题后,应立即在直播中向观众说明情况,并提供退货和退款方案。主播应当尊重消费者的需求和意见,耐心解答他们的问题,不以任何方式贬低或忽视他们。例如,

---

[1] 丛红艳,冯梦瑄,高阳.智媒时代革命文物创新传播的路径研究[J].今传媒,2023,31(12):107-109.

某主播在直播中积极回答观众提问,对于一些不太了解情况的观众,她会耐心解释,而不是嘲笑或忽视。在直播带货中,主播应当遵守市场规则,不进行不正当竞争。在推荐蜂蜜时,不能贬低其他品牌,而是客观地介绍了各品牌的特点和优劣。主播应当具备相关的专业知识和技能,以便准确地传递产品信息。为推荐茶叶,主播应学习了解茶文化、茶叶制作等方面的知识,并在直播中与观众分享。

直播带货通常涉及团队工作,主播应与团队成员有效协作,共同为达成良好业绩努力。团队成员确立共同的目标,理解并认同目标,这样才能在工作中保持方向一致,形成有效的合力。在农产品带货直播中,团队共同的目标是提高销售量,每个团队成员,包括主播、策划人员、供应链管理人员等,都应该围绕这个目标来工作。团队中每个成员都有自己的角色和职责,应通过分工合作,提高工作效率。主播负责介绍农产品,策划人员负责制定营销策略,供应链管理人员负责确保货源充足和物流顺畅。团队成员间需要保持及时、准确、有效的沟通,以解决问题,促进工作进展。当某个农产品库存紧张时,需要及时沟通并调整直播策略。团队成员间应互相支持、鼓励,共同应对挑战。当直播效果不佳时,团队成员应共同分析原因,寻找改进办法,而不是互相指责。团队应定期进行工作反馈和总结,持续改进工作方法和流程,提高团队效率。

在交易过程中,主播应公平对待每一位消费者,不偏袒、不歧视,维护市场秩序的公平公正。主播应该在直播中清晰、准确地介绍农产品的情况,包括产地、生产日期、品质特点等,不夸大其词或隐瞒关键信息。主播应该确保交易的公平性,不以欺诈或误导的方式诱导消费者购买农产品。主播应对所售农产品进行真实评价,不夸大其优点或掩盖其缺点。同时,对于消费者提出的问题,主播也应给予真实、客观的回应。主播应遵守相关的法律法规,不从事违法或违规的行为。主播不能在直播中宣传未经批准的农产品或虚假广告。主播应尊重消费者的权益,对于消费者提出的投诉和建议,应积极处理和改进。

遵守法律法规是每个公民的基本义务,主播更应了解并遵守相关法律法规,尤其是关于广告、电商等方面的规定。主播在直播中推销农产品时,需要遵守广告法的相关规定,确保广告内容的真实性、合法性和合规性。农产品作为食品的一种,需要遵守食品安全法等相关法律法规。主播在推荐农产品时,需要确保其符合食品安全标准,提供相应的质量保证和食品安全信息。同时,主播还需要关注农产品生产过程的质量控制,确保产品的质量和安全。农产品品牌和包装设计等涉及知识产权的问题,主播需要遵守商标法、专利法等相关法律法规。在直播中,主播需要尊重他人的知识产权,不侵犯任何商标、专利等权益,避免使用未经授权的图文、音乐等元素。农产品带货主播需要遵守消费者权益保护法等相关法律法规,确保消费者的合法权益得到保障

随着可持续发展观念的深入人心,主播还应具备环保意识,倡导绿色消费,选择环保、可持续的农产品。首先,农产品直播带货主播需要有环保意识,认识到自己的责任和义务。他们需要了解环保法规和相关政策,掌握环保知识和技术,以便在直播带货过程中传递正确的环保理念和做法。同时,他们还需要关注社会热点环境问题,积极参与环保公益活动,增强自己的环保意识和责任感。其次,农产品直播带货主播需要在直播带货过程中注重环保宣传。他们可以通过展示农产品的生长环境、生产过程和使用方式等方面,向观众传递环保理念和做法。例如,介绍农产品使用的环保包装材料、农产品的有机种植方式、农产品的储存和运输方式等。这些宣传方式不仅可以增加观众对农产品的了解和信任,还可以增强观众的环保意识和参与度。再次,农产品直播带货主播需要采取实际行动践行环保理念。他们可以选择优质的农产品供应商,优先选择有机、绿色、无公害等环保认证的农产品。在直播带货过程中,尽量减少对环境的负面影响,例如减少包装材料的使用、合理利用资源、降低能耗等。主播还可以倡导观众采取环保行动,例如减少食品浪费、合理消费等。最后,农产品直播带货主播需要积极参与环保公益活动。他们可以参与环保组织的活动,为环保事业贡献自己的力量。同时,他们还可以在自己的直播间中宣传环保公益活动,呼吁观众积极参与,共同为环保事业贡献力量。

4.敬业精神

农产品直播带货主播需要对所销售的农产品有深入的了解,包括但不限于产品的生长过程、特点、口感等。这不仅有助于主播更好地向观众介绍产品,提升观众的购买欲望,同时也是对产品的尊重和敬业精神的体现

农产品直播带货主播作为农民和消费者之间的桥梁,其形象和气质对于

消费者的购买决策有着重要的影响。主播应该具备良好的形象和气质,给人以信任感和亲切感,让消费者愿意接受推荐的产品。

农产品直播带货主播在直播过程中应该保持严谨的态度,确保所介绍的信息真实可靠,不夸大其词。同时,在回答观众问题时,应该认真思考,准确回答,避免误导消费者。

农产品直播带货主播应该具备良好的服务态度,关心消费者的需求和反馈,积极解决问题,提高消费者的满意度。同时,也应该尊重农民的劳动成果,积极为农民争取合理的利益。

5.互动性

主播需要具备良好的沟通能力,能够清晰、流利地表达自己的想法和观点,并且能够与观众进行有效的互动。在直播过程中,主播需要回答观众的问题,解决他们的疑虑,并且需要尽可能地让观众参与到直播中来。

主播需要具备亲和力,能够让观众感到亲切和信任。在直播中,主播需要保持真诚和热情,并且需要关注观众的需求和反馈,积极调整自己的表达方式。

具备一定的幽默感能够增加直播的趣味性和吸引力,让观众感到轻松和愉悦。主播可以通过幽默的语言、表情或者故事来调节直播氛围,增加观众的参与感和黏性。

在直播过程中,观众可能会提出各种各样的问题,主播需要耐心地解答,并且需要细心地关注观众的反馈和需求。同时,主播也需要耐心地听取观众的建议和意见,不断改进自己的直播方式和服务质量。

农产品直播带货主播需要具备适应能力,能够应对不同的直播环境和观众群体。在遇到突发情况时,主播需要保持冷静和乐观,积极调整自己的状态和表达方式,保证直播的顺利进行。

6.真实性

主播应确保所售农产品的来源真实可靠,能够提供完整的供应链信息,包括产地、生产过程、质量检测等。这有助于消费者了解产品的真实情况,建立信任。主播应对所售农产品的质量进行严格把关,确保符合相关标准和规定。同时,应积极配合质量监管部门的检查,及时处理质量问题,防止假冒伪劣产品流入直播带货渠道。主播在直播中介绍农产品时,应实事求是,不夸大其词。对于产品的优点和缺点,应客观公正地表述,避免误导消费者。同时,主播还应具备基本的农业知识和产品认知,能够准确解答观众的疑问。主播应建立健全售后服务体系,及时处理消费者投诉和问题,保障消费者的合法权益。同时,应积极与消费者沟通交流,了解需求和反馈,不断改进和提高服务质量。

7.情感性

农产品直播带货主播需要展现出对产品的热情,对观众的亲切态度,以及真诚的推荐意愿。这样的情感传递能让观众感受到主播的诚意,增强对产品的信任感。

由于农产品的特殊性,主播需要具备一定的农业知识和产品知识,这样才能准确、详细地介绍产品,解答观众的疑问。同时,良好的专业素养也能让观众感受到主播的可靠性和专业性。

肖珺与郭苏南提出,情绪作为个人化的心理认知协调模式在信息化、数字化、智能化的人类社会互动中成为商品要素。[1]主播需要寻找与观众的情感共鸣点,如对健康、绿色、环保等理念的共同关注。通过情感共鸣,能够拉近与观众的距离,让观众更愿意接受产品和推荐。主播需要善于运用语言和表情来表达情感。生动的描述、形象的比喻、真实的反应等都能够增加直播的趣味性和互动性,使观众更加投入。直播过程中,主播需要积极与观众互动,回应观众的问题和反馈。有效的情感互动,能够增强观众的参与感和黏性,进一步提高销售效果。主播还应注重情感品牌的塑造,通过直播带货传递出品牌的价值观和理念。这样的情感品牌能够增强观众对品牌的认同感和忠诚度。

---

[1] 肖珺,郭苏南.算法情感:直播带货中的情绪传播[J].新闻与写作,2020(9):5-12.

8.直播能力综合性

农产品直播带货主播需要对所销售的农产品有深入的了解,包括产地、生长情况、口感、营养价值等。这样才能在直播中向观众详细介绍产品,帮助他们了解产品的特点和优势。

主播需要具备良好的语言表达能力,能够清晰、流利地表达自己的想法,并且有感染力,能够吸引观众的注意力。同时,表达方式要生动有趣,能够引起观众的兴趣。直播带货不仅是主播的表演,更需要与观众进行互动。主播需要积极回答观众的问题,了解他们的需求和反馈,并据此调整自己的表达方式。同时,主播也要引导观众进行购买,让他们感受到产品的价值和购买的乐趣。

二、农产品直播带货主播个性特征

1.助农主播特征

（1）公益性

助农直播作为乡村振兴战略背景下,有效实现传统农业向"互联网+农业"转变的新兴产物,对于激发农业活力、提高农户收入具有重要意义。网络头部助农主播、媒体人助农主播以及政府官员助农主播在公益性方面各自具备不同的特点和作用。

网络头部助农主播。这些主播通常在社交媒体上拥有大量的粉丝,他们利用自己的影响力来推广农产品,帮助农民扩大销路。通过直播等形式,他们可以让消费者更加直观地了解农产品的生产过程,增强对产品的信任感。此外,他们还可能参与到一些公益活动中,如资助农业项目、改善农村基础设施等,以实际行动回馈社会。

媒体人助农主播。媒体人主播拥有丰富的媒体资源和传播渠道,他们可以利用自己的专业知识和媒体资源,为农产品进行宣传和推广,提高产品的知名度和美誉度。同时,他们还可以通过报道和关注农业问题,引起社会对农业和农民的关注,推动问题的解决。

政府官员助农主播。政府官员主播具有政府背景和公信力,他们可以通过政策解读和农产品标准制定等方式,为农民提供政策支持和法律保障。同时,他们还可以通过直播等形式,向农民传达政策信息、农业技术等知识,提高农民的素质和能力。

(2)特色性

助农直播作为一种新型的农产品营销方式,其特色性主要体现在以下几个方面。

风格化。助农直播通常采用轻松、亲切的语言风格,以及实景、实物的呈现方式,给人以真实的感受。这种风格化的表达方式不仅能够吸引观众的注意力,而且能够让观众更好地理解产品的特色和价值。

创新表达。在助农直播中,主播们通过创新的表达方式,如故事化叙述、互动游戏等形式,将农产品的特点、生长过程等呈现给观众,使观众更加深入地了解产品。这种方式不仅能够增强观众的记忆,也能够更好地传递产品的独特价值。

品牌IP。在助农直播中,品牌IP的建设也是非常重要的。打造具有地域特色的农产品品牌,能够提高产品的知名度和美誉度,从而更好地推动农产品的销售。同时品牌IP也能够成为连接消费者和产品的桥梁,增强消费者对产品的信任感和忠诚度。

知识+产品。在助农直播中,知识的传递也是非常重要的。主播们通过介绍农产品的种植技术、营养价值、食用方法等知识,不仅能够增强观众对产品的了解,而且能够提高观众的消费认知和消费体验。同时,将知识和产品相结合,也能够更好地满足消费者的需求,提升产品的附加值。

(3)程序性

平台搭建。建立一个良好的助农直播平台,支持农产品展示和销售,以及主播和观众互动。

主播招募。招募有经验和激情的主播来宣传和销售农产品,提高产品的曝光率和知名度。

农产品推广。通过助农直播平台将农产品进行推广和宣传,吸引更多的消费者购买农产品。

农产品品质保证。提供优质的农产品,并保证其品质符合质量标准,以保证消费者的权益。

物流配送服务。提供便捷的物流配送服务,保证消费者可以快速、方便地购买到所需要的农产品。

互动交流推进。助农直播平台需要提供良好的互动环境,鼓励主播和观众之间的交流和互动,以提高消费者购买意愿。

数据监测和分析。通过数据监测和分析,主播可以对助农直播的效果进行评估和调整,不断优化平台和服务。

（4）功能性

首先,在互动仪式感方面,助农主播通过直播的形式与观众进行实时互动。这种互动不仅限于对产品的咨询和答疑,还延伸到对农村生活、农业种植等方面的交流。这种互动方式让观众能够更加深入地了解农村和农业,增强了他们对产品的信任感和购买的意愿。同时,通过与观众的互动,助农主播能够及时了解市场需求和反馈,从而调整销售策略,提升销售效果。

其次,助农主播提供用户情绪价值。在直播过程中,助农主播通过分享农村的美丽风景、健康食品、传统手工艺等,传递出一种回归自然、质朴的生活方式,满足了城市居民对于田园生活的向往和追求。这种情感共鸣让观众在购买产品的同时,也获得了一种心理上的满足和愉悦感。同时,助农主播通过讲述农产品背后的故事、展示农民的辛勤和努力,提升了产品的文化内涵和人文情怀,进一步提升了用户对产品的认同感和满意度。

（5）服务性

官员助农直播的社会服务化是一个值得探讨的议题。在数字化时代,这种新型的政务服务模式对于推动农业发展和乡村振兴具有重要意义。

首先,官员助农直播是一种政务服务范式的创新。当前形势下,官员助农直播本质是形成政务活动、农产品营销、网络社交同时在场的"政府×企业×公众"融合模式,体现政务服务的社会化范式转换。传统的政务服务往往以线下为主,流程繁琐,效率较低。而官员助农直播则充分利用了现代信息技术,特别是网络直播技术,将政务服务与社交网络、移动支付、电子商务等相结合,形成了一种新型的政务服务模式。这种模式不仅能够提供更加便捷的服务,还能够扩大政务服务的影响力和覆盖面,更好地满足人民群众的需求。

其次,官员助农直播体现了政府的社会化服务理念。在现代社会,政府不再是唯一的公共服务提供者,企业和社会组织等也在发挥着越来越重要的作用。官员助农直播正是政府与企业、社会组织共同合作,形成"政府×企业×公众"的融合模式,共同推动农业发展和乡村振兴。这种模式不仅有利于整合各方资源,形成合力,还能够促进不同主体之间的交流和合作,推动社会协同发展。

最后,官员助农直播有助于提升政府形象和公信力。在直播中,官员亲自为农产品代言,与观众进行互动交流,不仅展示了政府的服务意识和责任担当,还能够拉近政府与公众的距离,增强政府与公众的互信。同时,通过直播中的互动和反馈,政府可以更好地了解公众的需求和意见,不断完善和改进服务,提升政府的服务质量和形象。

然而,官员助农直播作为一种新型的政务服务模式,也面临着一些挑战和问题。例如,政府治理的制度风险、服务平台和服务内容的规范、服务对象的定位和分类等都需要进一步探讨和完善。此外,官员助农直播的效果也受到多种因素的影响,如直播内容的质量、观众的参与度、营销策略的制定等。因此,政府需要不断探索和创新,加强与各方面的合作,不断完善和提升政务服务的质量和水平。

2.农民主播特征

(1)科普性

农民主播的科普性,特别是针对农产品知识的科普性,值得深入探讨。农民主播,特别是本地农民和返乡青年主播,他们具有丰富的农业实践经验和对本地农作物的深入了解。

本地农民主播。他们长期在田间地头劳作,对当地的土壤、气候等条件有深入的了解。对于如何种植、养殖等实际操作经验丰富。对特定地区的农作物、农业技术等有深厚的了解,能够提供与当地相适应的农业知识和技巧。他们提供的农业信息和经验更加接地气,与观众的距离更近,更具说服力。

返乡青年主播。返乡青年往往在外地接受过教育或培训,他们能够将现代的知识、技术带回农村,与传统农业相结合,推动农业的创新。返乡青年主播熟悉现代媒体和网络传播方式,能够更有效地将农业知识传播给更广泛的受众。返乡青年主播还可以为其他农民提供培训和指导,帮助他们提升农业技能和知识。

为了进一步提升农民主播的科普能力,可以采取以下措施。第一,为农民主播提供农业知识和主播技巧的培训,使他们能够更准确、生动地传递农业知识。第二,与主流媒体或平台合作,扩大农民主播的影响力和覆盖范围。第三,鼓励观众与农民主播互动,提供反馈和建议,使主播能够根据实际需求调整内容。第四,农民主播自身也应该持续学习,了解新的农业技术和知识,保持与农业发展的同步。第五,与农业科研机构合作,获取最新的农业研究成果和信息,并及时传递给受众。第六,定期邀请农业专家参与直播,与农民主播互动,共同为观众解答疑惑。第七,在条件允许的情况下,可以组织实地考察活动,让观众亲眼看到农业实践,增强信任感。第八,为农民主播设置激励机制,如评选优秀主播、给予物质奖励等,激发他们的积极性和创造力。第九,提供必要的技术支持,如更好的直播设备、技术指导等,确保农民主播的直播质量。第十,鼓励农民主播与其他领域的主播或专家合作,共同打造更具影响力的农业科普内容。

通过上述措施的实施,可以进一步提升农民主播在农产品知识面上的科普性,更好地服务于广大农民和农业爱好者。同时,这也将有助于推动农业的现代化进程,促进农村经济的发展。

(2)朴实性

农民主播的朴实性主要体现在以下几个方面:

语言朴实。农民主播在直播中通常使用朴实、简洁的语言,没有太多的华丽辞藻,让人感到亲切自然。他们的话语中常常饱含着对土地、对生活的热爱,以及对农作物、家禽家畜的深入了解,让人感受到乡村的真诚与质朴。

内容朴实。农民主播通常以自己的农业生产为题材,向观众展示真实的乡村生活、农作物的种植与收割过程、家禽家畜的养殖与护理等。他们不会夸大其词,也不会刻意美化,而是以真实的画面和朴实的语言,让观众感受到乡村生活的真实与美好。

态度朴实。农民主播通常非常注重与观众的互动交流，他们热情、友善、真诚地与观众沟通，不刻意追求关注度或打赏收益。他们用自己的方式向外界传递乡村的美好形象，为乡村的发展贡献自己的力量，让人感受到他们的责任心和担当精神。

风格朴实。农民主播的直播风格通常非常朴实，没有太多的花哨和修饰，给人一种自然、清新的感觉。他们的直播内容通常与乡村生活息息相关，如种植、养殖、烹饪等，让人仿佛置身于真实的乡村环境中，感受到乡村的宁静与和谐。

(3)创造性

随着互联网和移动设备的普及，短视频已成为信息传播和娱乐的重要形式。其中，农民主播以其独特的创造性，为返乡青年就地取"材"的短视频内容创作注入了新的活力。

首先，农民主播的创造性体现在他们对于农村题材的深入挖掘。返乡青年主播熟悉农村生活，了解农业生产的各个环节，还知道乡村的风土人情和习俗。这种深厚的生活背景让他们能够从寻常的农村生活中找到不寻常的素材，从而创作出既有乡土气息又不失新颖的内容。

其次，农民主播善于运用自己的生活经验进行创作。他们能够将个人的经历、感受与观众分享，通过真实的故事和情感连接，让观众产生共鸣。这种情感化的内容往往比单纯的娱乐更有吸引力，也更能够打动人心。

再次，农民主播在短视频创作中注重创新。他们不仅仅满足于传统的创作模式，而是不断尝试新的表现手法和形式。通过引入现代技术，如虚拟现实、增强现实等，他们可以将传统农业与科技相结合，创造出更具创意的内容。

最后，农民主播还善于利用短视频平台的特点，与观众进行互动。他们通过回复评论、举办线上活动等方式，积极与观众交流，听取观众的意见和建议，不断完善自己的创作。这种互动不仅增强了观众的参与感，也使得农民主播的创作更加贴近观众的需求。

第二节

农产品直播带货的主播能力构成

一、农产品知识储备能力

由于用户心智的升级、行业对主播素质的更高要求,主播亟须向知识型主播转型,加强直播的知识输出和价值输出。因此,知识类直播应运而生并迅速发展。各路知识达人试水直播带货,效果却迥然不同。此外,知识类主播对直播个人形象素质要求较高,不易复制。农产品直播带货主播需要具备多种专业知识能力,以提升直播效果,促进销售。以下是一些关键的专业知识能力构成:农产品带货主播应该具备深入的农业知识,包括植物学、兽医学、农业技术等,以便详细解释农产品的生长过程、特性和品质。对于不同种类的农产品,主播需要了解其生态环境、生命周期、病虫害防治等方面的专业知识。当农产品直播带货主播追求专业性时,需要深入了解与农业相关的各个方面,确保能够准确、全面地传递信息。

1. 植物学

生长周期:了解不同农产品的生长周期,包括播种、发芽、生长、开花、结果和收获等阶段。

生态要求:对植物的光照、温度、湿度等生态要求有深入了解,以提供最佳的生长环境建议。

2. 兽医学

畜禽健康管理:了解畜禽的基本健康管理,包括疫苗接种、饲养管理、疾病防治等。

畜产品质量：对于畜产品的质量标准和检测方法有深入了解，以保证产品的质量和食用安全。

3.农业技术

智能农业：了解智能农业中的先进技术，如传感器、遥感、自动化农机等，以展示农业的现代化。

节水灌溉：掌握现代节水灌溉技术，提倡可持续农业的实践。

4.产品加工与贮藏

农产品处理技术：了解农产品的加工工艺，推荐最佳的加工方法，提高产品附加值。

贮藏技术：知晓不同农产品的最佳贮藏条件，延长产品的保鲜期。

5.环保与可持续农业

有机农业标准：深入了解有机农业的标准和认证要求，向观众传递有机农产品的特色。

碳足迹：计算和介绍农产品生产过程中的碳足迹，强调可持续农业的重要性。

6.地理信息系统（GIS）

土壤分析：了解土壤分析技术，推荐适合不同农产品的土壤改良方法。

气象条件：利用GIS技术分析气象条件，提供最佳的农业生产建议。

7.食品营养学

营养配比：深入了解不同农产品的营养成分，能够为观众提供科学的膳食建议。

饮食搭配：推荐不同农产品之间的搭配，强调饮食的均衡和多样性。

8.社交媒体和内容营销

社交媒体算法：熟悉不同社交媒体平台的推广算法，制定相应的推广策略。

内容营销：了解内容营销的原理，制作吸引人的农产品推广内容。

9.法规与认证

食品法规：详细了解农产品生产和销售的相关法规，确保所有活动合法合规。

认证流程：对各类农产品认证的流程和标准有深入了解，确保农产品质量和安全。

这些专业知识将帮助主播在直播过程中深入地展示农产品，为观众提供可靠的信息，提高消费者对产品的认可度和信任度。

二、本土文化学习能力

农产品直播带货主播对本地文化和产地故事的了解对于深度吸引观众、提高产品认可度和推动销售至关重要。深入了解农产品所在地的文化、历史和传统，将这些元素融入直播内容，可以增强产品的故事性和吸引力。讲述农产品的产地故事，强调地域特色，可以增加产品的情感价值。

1.本地文化介绍

深入了解所在地区的本地文化，包括传统风俗、历史背景、地方特色等。在直播中向观众生动地介绍当地文化，以增强产品与本地文化的联系。

2.产地历史和传统故事

深入了解农产品的产地历史和传统故事，包括农业发展历程、产地传统产业等。在直播中讲述产品的来源背景，强调农产品与当地的深厚渊源。

3.当地农民和生产者故事

认识当地农民和生产者,了解他们的生活故事、农业经验和家族传承。通过讲述这些真实故事,增加观众对农产品的亲切感和信任度。

4.传统农业活动介绍

在直播中介绍本地的传统农业活动,如节庆、庙会等,让观众感受到当地的民俗风情。可以邀请农产品生产者共同参与,展示传统农业技艺和工艺。

5.当地美食文化

了解当地的美食文化,介绍与农产品相关的传统菜肴和烹饪方法。在直播中展示如何使用农产品制作当地特色美食,提升观众对产品的兴趣。

6.产地风土人情的展示

利用视频、图片等多媒体方式展示产地的风景、土地特征和人文环境。通过生动的画面向观众呈现产地的风土人情,加深他们对农产品产地的认知。

7.地方特产和地理优势

介绍产地的地理优势,如气候、土壤等,这些为农产品生长提供的独特条件。强调农产品的地方特产,展示其与其他地区产品的差异和优势。

8.产业发展对当地社区的影响

讲述农产品产业对当地社区的积极影响,如就业机会、社会经济贡献等。向观众传递购买当地农产品的重要性,支持本地农业发展。

通过深入了解本地文化和产地故事,主播能够更好地传递产品的独特性,增加产品的吸引力,从而提高观众对农产品的兴趣和购买欲望。

三、直播表达和沟通能力

农产品直播带货主播的沟通能力对于直播带货的成功至关重要。清晰、流利、有逻辑的语言表达能力是农产品直播带货主播的基本素质。主播需要能够把产品的特点、品质、产地等信息准确传达给观众,同时也要能够表达出对产品的热爱和信心。主播需要具备良好的表达和演绎能力,能够用富有感染力的语言,形象地传递农产品的信息。这不仅包括对产品特点的描述,还涉及对农田、农户的访谈,使观众更加了解产品的背后故事。在农产品直播带货中,良好的表达和演绎能力是决定主播成功的关键因素之一。

1.清晰而流畅的语言

使用清晰、准确的语言表达,避免使用难以理解的语句或地方性用语,确保观众能够轻松理解直播内容。语言流畅度对于有效传递农产品信息和吸引观众至关重要。

2.自信而真实的表达风格

保持自信,展现对所介绍农产品的专业知识和信心。同时,保持真实,展现真诚的态度,与观众建立真实的连接,增加观众的信任感。

3.故事性的叙述

利用故事性的叙述方式,将农产品的生产故事、产地文化等元素融入直播中,使观众更容易产生共鸣。通过故事,提高直播的吸引力,加深观众对产品的印象。

4.生动的手势和面部表情

使用生动的手势和面部表情来增强语言表达,使语言更具感染力。适当的肢体语言和表情可以帮助传递主播对农产品的热情,引起观众的共鸣。

5.良好的声音品质

确保良好的声音品质,避免噪声和干扰,以确保观众可以清晰地听到主播的讲解。调整音量和语速,以保持良好的听感,避免观众感到疲劳或不适。

6. 互动性的演绎

通过互动的方式进行演绎,鼓励观众提问、参与互动,增强直播的参与感。可以设置一些互动环节,如抽奖、答题等,提高观众留存率。

7. 专业知识的传递

在表达中融入专业知识,对农产品的特性、生产过程进行深入解释,展示对农业领域的了解。适度使用专业术语,但要确保观众能够理解,避免造成观众的困扰。

8. 灵活应变

根据观众的反馈和互动情况,调整表达方式,保持灵活性。主播应当具备在直播中应对突发状况的能力,保持冷静和清晰的表达。

9. 视觉辅助

利用图表、图片等视觉辅助工具,加强表达的直观性。适当展示农产品的外观、质地等,帮助观众更好地理解产品特点。

良好的表达和演绎能力,可以让主播更有效地传递信息,吸引观众的注意力,提高产品的吸引力和销售效果。

直播带货不仅是展示产品的平台,也是与观众互动的平台。主播需要积极与观众互动,回答他们的问题,听取他们的建议和反馈,以增强观众的参与感和忠诚度。农产品直播带货中,情绪感染力非常重要。余富强等人认为,主播需要能够通过语言、表情、动作等方式,传递出对产品的热爱和信心,激发观众的购买欲望。[1]幽默感可以让直播带货更加有趣和引人入胜。主播可以在介绍产品的同时,运用幽默的语言和表情,调节气氛,增加观众的愉悦感。农产品直播带货中,了解产品相关知识是必不可少的。主播需要具备丰富的农产品知识和销售经验,以便更好地向观众介绍产品,解决他们的问题。

---

[1] 余富强,胡鹏辉,杜沙沙.网络问卷调查的数据质量控制研究[J].统计与决策,2019,35(16):10-14.

四、形象管理和亲和力

主播的形象对于建立观众信任至关重要。当涉及农产品直播带货的主播特征时,需要考虑到一系列专业性和细致入微的特质,以确保直播的成功和吸引力。真实、自然、亲近的形象更容易打动观众,让他们感受到主播对产品的真挚热爱,从而更愿意购买。

1. 自然而真实的言谈风格

保持自然而真实的言谈风格,避免过于矫揉造作,与观众建立更亲切的连接。使用亲民的语言,让观众感受到主播的真实性,增加对农产品的信任感。

2. 分享个人故事和经历

分享自己与农产品相关的故事和经历,让观众更好地了解主播与产品的关系。可以讲述与农民、生产者的合作经验,强化主播对农产品的亲近感。

3. 直播幕后花絮

直播中不仅仅展示正式的直播内容,还可以分享一些幕后花絮,如农场参观、工作团队合作等,拉近与观众的距离。让观众更深入地了解主播的日常生活以及与农产品相关的工作。

4. 真实的情感表达

在适当的时候,展现真实的情感,如对农产品的热爱、对农民的尊敬等。适度表达喜怒哀乐,增加直播的情感共鸣,使观众更加喜欢和信任主播。

5. 与观众建立互动

积极回应观众的评论和提问,展示真实的关注和关心。可以提出与观众互动的话题,例如询问他们对某种农产品的看法或经验分享。

6. 自然的外貌和仪容

保持自然的外貌和仪容,避免过于浓重的化妆或过于精心设计的形象。展现朴素、清新的形象,更容易让观众感到亲近。

7. 分享失误和教训

适时分享自己的失误和教训,表达对观众的诚实和歉意。展示出主播是一个乐于学习、成长的人,增加观众对主播的共鸣感。

8. 适度的幽默和风趣

使用适度的幽默和风趣,让直播更加轻松有趣。通过幽默的表达方式,拉近与观众之间的距离,增加互动性。

9. 勇于展示真实情况

在直播中,勇于展示真实的情况,如农产品的生长状态、天气状况等,增加直播的真实感。不必过分包装,让观众感受到真实的农业生产现场。通过保持真实、亲近的形象,主播能够更好地建立与观众之间的关系,提升观众对农产品的信任感和购买欲望。

五、农产品溯源和监控能力

农产品直播带货主播在对产品溯源和品质监控方面扮演着重要的角色,主播需要了解农产品的产地、生产过程,并能够提供可追溯的信息,满足消费者对食品安全和品质的关切。主播需具备品质监控的知识,能够介绍产品的新鲜度、认证情况以及相关质检标准。这有助于提高观众对产品的信任度,加强对产品质量的保障。

1. 产品溯源介绍

主播应详细介绍农产品的溯源体系,包括产品的产地、生长环境、生产过程等关键信息。强调农产品的溯源可以追溯到具体的农场或生产基地,确保产品的真实性和可追溯性。

2.产地实况直播

定期进行产地实况直播,通过实地展示生产过程、农场环境等,增加产品的透明度和可信度。引导观众了解农产品的实际生长情况,建立对产品产地的信任。

3.生产全过程解说

在直播中深入解说农产品的生产全过程,包括种植、养殖、收获、加工等环节。通过图文并茂的方式展示,观众可以更直观地了解产品从原料到成品的整个过程。

4.品质监控标准讲解

向观众详细介绍产品的品质监控标准,包括农产品的外观、口感、营养成分等。强调农产品品质符合相关行业标准,提升观众对产品品质的信心。

5.与第三方认证机构合作

与第三方认证机构合作,确保产品通过相关的认证,如有机认证、绿色认证等。在直播中介绍认证机构的背景和认证标准,强调产品的合规性和高品质。

6.质检过程公开

在直播中公开农产品的质检过程,介绍质检的标准和流程。展示主播对产品质量的高度关注,加强产品品质的可信度。

7.品质抽样展示

在直播中进行品质抽样展示,展示产品的抽样检测结果,以证明产品符合质量标准。通过具体案例,观众可以了解产品经过严格抽样检测的过程,从而提升对产品的信任度。

8.回应观众疑虑

主播应主动回应观众对产品溯源和品质的疑虑,通过直播互动平台及时解答观众提出的问题。处理质疑的同时,表达对消费者的尊重和理解,展现主播对产品品质的自信。

9.关注食品安全问题

关注并分享食品安全的相关话题,提高观众对产品安全性的认知。强调农产品的生产过程中对农药、化肥等的安全使用,确保食品安全和卫生。

通过以上方式,农产品直播带货主播能够在直播中展示对产品溯源和品质监控的关注,增强观众对产品质量的信任感,从而提高销售的可持续性。

农产品直播带货是一种新型的农产品营销方式,通过直播的形式向消费者直接展示农产品,并通过互动和讲解来促进消费者的购买决策。在这个过程中,主播的能力构成是非常重要的,其中快速学习和适应能力是一个非常重要的方面。

首先,快速学习和适应能力是现代营销中不可或缺的能力。在农产品直播带货中,主播需要快速学习各种农产品知识和相关技能,比如农产品生产过程、品质鉴别、食用方法等。同时,主播还需要了解市场动态和消费者需求,以便更好地进行直播内容的策划和讲解。在这个过程中,主播需要具备高度的敏感性和较强的学习能力,能够迅速捕捉信息和调整策略,以适应市场的变化和消费者的需求。

其次,快速学习和适应能力有助于提升直播效果。在农产品直播带货中,主播需要通过生动的讲解和互动来吸引观众的注意力,提高观众的购买意愿。如果主播能够快速学习新的知识和技能,就能够更好地策划和讲解直播内容,提高直播的质量和效果。同时,这种能力也有助于主播在直播中及时发现和解决问题,避免出现尴尬或错误的情况。

最后,快速学习和适应能力有助于提升主播的个人魅力。在农产品直播带货中,主播的个人魅力和影响力是非常重要的。如果主播能够通过快速学习和适应以不断提升自己的专业知识和技能,就能够更好地与观众互动和沟通,赢得观众的信任和喜爱。这种个人魅力有助于提高主播的影响力和增加粉丝数量,从而为农产品直播带货带来更好的营销效果。

六、农业技术学习能力

农产品直播带货主播需要对农业技术和创新有深入的了解,熟悉农业科技的应用,如精准农业、智能农业机械等,以展示现代化农业生产的先进技术。强调农业创新,介绍先进的农业生产方法(例如水培、土壤改良等,以吸引对农业科技感兴趣的观众),以便更好地向观众传递现代农业的先进技术和创新成果。

1.智能农业技术

了解智能农业中的先进技术,如物联网、传感器、自动化农业机械等。解释这些技术如何提高生产效率、减少资源浪费,并在直播中实际展示其应用。

2.精准农业

深入了解精准农业的原理和应用,包括GPS技术、遥感技术在农业中的应用等。强调精准农业如何提高农作物的产量、降低农药使用,并提高农产品质量。

3.生物技术与基因编辑

了解生物技术和基因编辑在农业中的应用,例如基因改良作物和动物。向观众解释这些技术如何改进农产品的抗病性、适应性以及如何提高产量。

4.农业无人机应用

介绍农业无人机的应用,包括农田巡查、作物监测、播种和施肥等。展示无人机技术如何提高农业生产效率和监测农田状况。

5.数字化农业管理

了解数字化农业管理系统,如农业管理软件、数据分析工具等。向观众介绍这些系统如何协助农民进行农业生产计划、库存管理和市场预测。

6.新型种植和养殖技术

掌握新型种植和养殖技术,如垂直农业、水培、光合作用提升等。在直播中分享这些技术如何节省空间、水资源,提高产量,并对环境友好。

7.气象信息和农业决策

了解气象信息在农业决策中的重要性,如何利用气象数据进行农业生产计划。在直播中分享如何根据气象信息制定合理的种植和收获计划。

8.可持续农业实践

深入了解可持续农业的实践,包括有机农业、农田轮作、耕作方式的优化等。向观众强调可持续农业对环境的友好性,以及对农产品品质和食品安全的积极影响。

9.农产品包装和运输创新

了解新颖的农产品包装和运输技术,提高产品的附加值和延长保鲜期。在直播中展示创新的包装设计和运输方式,吸引观众对产品的关注。

通过对现代农业技术和创新的深入了解,主播能够更好地向观众介绍农业行业的发展趋势,强调现代科技对农产品生产和品质的积极影响,从而提升直播的专业度和吸引力。

七、新媒体采编制作能力

制作富有创意和趣味性的直播内容,例如互动游戏、有奖答题等,提高观众留存率和互动性。尝试不同的内容形式,如 Vlog、短视频,以丰富直播的形式,吸引更多不同类型的观众。当农产品直播带货主播致力于在社交媒体上开展营销活动时,需要深入掌握以下专业技巧。

1. 社交平台选择和优化

确定目标受众使用的社交平台,如微博、微信、抖音、小红书、快手等,并制定相应的推广策略。了解每个平台的特点,优化账号信息、头像和封面,提高可信度。

2. 精准目标受众定位

利用社交媒体平台提供的广告投放功能,实施精准的目标受众定位。运用数据分析工具深入了解观众的兴趣、地理位置等信息,以便更有针对性地制定内容。

3. 高质量内容创作

制定有吸引力的内容策略,确保直播内容生动有趣,同时深入介绍农产品的特色和品质。利用多媒体元素,包括高质量的图片、专业制作的视频,提高内容的质感。

4. 互动式直播管理

提高直播的互动性,鼓励观众参与评论、提问。使用直播间礼物、打赏等功能,激发观众的付费参与,增加直播的收益。

5. 社交媒体广告策略

制定社交媒体广告投放策略,包括定期投放、定向广告和广告创意设计。根据广告效果数据进行调整,提高广告投放的精准性和效果。

6. 合作伙伴关系建立

与行业相关的社交媒体账号或KOL(关键意见领袖)建立合作关系,拓展观众基础。考虑与地方名人或有影响力的意见领袖进行合作,提升品牌认知度。

7.定期更新社交媒体

保持社交媒体账号的活跃度,定期发布新的内容,保持观众的关注度。利用社交媒体平台的发布计划功能,提前通知观众有关直播的信息,制造期待感。

8.标签和话题利用

利用热门标签和话题,提高内容在社交媒体上的曝光度。参与热门的社交媒体挑战或活动,加深品牌在社交平台上的话题性。

9.数据分析和策略优化

利用社交媒体平台提供的数据分析工具,深入分析直播效果和观众反馈。根据数据调整营销策略,优化直播内容、互动方式和广告投放策略。

10.社群建设和管理

创建与农产品相关的社群,加强与粉丝的互动,提高品牌的社交影响力。运用社群建设增强品牌忠诚度,促使粉丝成为品牌的忠实消费者。

通过详细而专业地执行以上策略,农产品直播带货主播能够在社交媒体平台上实现更为精准的营销,进一步扩大受众基础、提高品牌知名度,并促进农产品销量长期增长。

八、农产品带货营销能力

农产品直播带货主播需要运用有效的社交媒体营销技巧,以扩大影响力、吸引更多观众,社交媒体平台能够利用各类社交媒体工具扩大直播的传播范围。制定有效的社交媒体营销策略,包括互动式内容、有趣的短视频、引人入胜的图片,增加直播的曝光度,并提高产品销量。

1.社交平台选择

确定目标受众使用的社交平台,并优先选择在这些平台上进行直播和互动。考虑使用多个平台,根据不同平台的特点制定相应的营销策略。

2.精准定位目标受众

了解目标受众的特点、兴趣和消费习惯,以便更精准地制定内容和推广策略。利用社交媒体平台提供的分析工具深入了解观众的行为和反馈。

3.引人入胜的内容创作

创作吸引人的内容,包括生动有趣的介绍、产地故事、农产品制作过程等。利用多媒体元素,如图像、视频,增加内容的丰富性和吸引力。

4.互动式直播

增加直播的互动性,回应观众的评论和提问,让观众感受到参与感。利用投票、抽奖等互动方式,促使观众积极参与。

5.利用社交媒体广告

使用社交媒体广告提高直播的曝光度,吸引更多潜在观众。制定有针对性的广告策略,以确保广告投放的有效性和成本效益。

6.频繁更新社交媒体

保持社交媒体账号的更新频率,定期发布新的内容,保持观众的关注度。利用定时发布直播计划,提前告知观众有关内容,增加期待感。

7.利用标签和话题

使用有关农产品、直播内容的热门标签和话题,提高内容在社交媒体上的可见度。参与热门的社交媒体挑战或活动,提高品牌在社交平台上的曝光度。

8.数据分析和优化策略

利用社交媒体平台提供的分析工具,分析直播效果和观众反馈。根据数据调整营销策略,优化直播内容和互动方式。

9.建立社群

创建与农产品相关的社群,吸引更多粉丝并促使他们分享有关产品的信息。利用社群增强品牌忠诚度,增加与观众的互动机会。

通过灵活运用这些社交媒体营销技巧,农产品直播带货主播能够更好地与观众互动、提高品牌曝光度,从而推动产品销量增长。

九、社会公益奉献能力

在农产品直播的同时,主播还应积极参与公益活动,关注农村贫困、农业环保等问题,通过直播的影响力传递正能量,树立积极的社会形象。总体来说,农产品直播主播需要具备多个方面的专业知识、沟通技巧、创意能力和营销策略等,以确保他们在直播中能够深刻地展示农产品特点,吸引观众并提高销售效果。农产品直播带货主播积极参与公益时,需要考虑以下几个方面。

1.农产品捐赠和慈善活动

策划定期的农产品捐赠活动,将部分销售收入或农产品直接捐赠给需要帮助的群体。通过直播平台展示捐赠过程,增强公众对活动的认同感和参与感。

2.教育扶贫和农村发展

支持农村地区的教育事业,如设立奖学金、捐赠教材、改善学校设施等。主播可以通过直播宣传农村学校的需求,鼓励观众参与教育扶贫。

3.农业科技和创新支持

参与农业科技推广项目,支持农业创新,提高农业生产效益。通过直播分享农业科技成果,为观众展示采用更先进的农业技术。

4.社会创新项目宣传

关注并宣传社会创新项目,如农村电商、农业合作社等,帮助农民融入现代商业模式。利用直播展示这些创新项目的成功案例,鼓励农民参与农业产业升级。

5.环保倡议和可持续农业

倡导环保理念,支持农业可持续发展,鼓励农民采用有机种植、绿色种植等生态农业方式。通过直播分享环保农业实践,呼吁观众关注农业对环境的影响。

6.农村就业培训

参与农村就业培训项目,为农民和农村青年提供更多的就业机会和职业培训。在直播中分享成功的农村就业案例,鼓励更多年轻人回乡创业。

7.公益直播活动

定期组织公益直播活动,集中筹集公益资金,或将直播收入作为公益资金,并公开款项用途。主播可以设置有奖励的公益挑战活动,提高观众参与的积极性。

8.生态保护和农田生态

参与生态保护活动,推动农田的生态环境保护,如植树造林、水土保持等项目。通过直播分享农田生态保护的实际效果,引导观众更注重生态平衡。

9.农业社群建设

在社交媒体或直播平台创建农业社群,促进农民之间的信息共享和互助合作。通过直播分享社群成员的经验和合作案例，推动农业社群的健康发展。

10. 公益合作伙伴关系

与公益组织、社会企业建立稳定的合作伙伴关系，共同推动公益事业。利用合作伙伴资源，扩大公益活动的影响力和长期可持续性。

通过深度参与公益和社会责任活动，农产品直播带货主播不仅能够传递正能量，树立积极形象，还能够实实在在地推动农业领域的可持续发展。

十、直播危机处理能力

农产品直播带货主播在面对危机时，需要具备一定的危机处理能力，以保护自身形象、维护信誉并有效解决问题。

1. 及时回应

对于任何负面情况或问题，主播应该及时回应，避免沉默不语，以免引起更大的负面影响。在直播中或社交媒体平台上发布正式回应，并保持事件透明度。

2. 保持冷静

面对负面言论或危急情况时，主播需要保持冷静，避免情绪化回应。冷静的态度有助于更好地理解问题，并找到解决方案。

3. 道歉与整改

如果主播或直播出现问题，及时向受众道歉并表示愿意采取措施解决问题。同时，展示出整改的决心，让受众看到主播在改进自身，避免类似问题再次发生。

4. 与品牌合作方沟通

如果问题涉及与品牌的合作，及时与品牌方沟通，共同制定解决方案。建立积极的合作关系,使品牌方更愿意支持主播度过危机。

5.保持专业

在危机处理中,主播需要保持专业,避免与受众或品牌方发生进一步的争执。通过理性的沟通,寻求共识,并致力于问题的解决。

6.调整策略

如果问题源于直播内容或营销策略,主播需要审视自身的经营模式,及时调整不合适的策略,以适应市场和受众的需求。

7.媒体危机公关

如果危机引起了媒体关注,主播可能需要寻求专业的公关支持,通过合适的渠道发布正面信息,纠正误导,减轻负面影响。

8.学习经验教训

从危机中吸取教训,建立更完善的管理和运营体系。主播应该不断学习和提升自己,以防止未来出现类似的问题。

危机处理是经营中不可避免的一部分,具备良好的危机处理能力有助于主播保持业务的稳健和可持续发展。

第五章
农产品直播带货的影像构建

- ⊙ 农产品直播带货的影像特征
- ⊙ 农产品直播带货的场景设置
- ⊙ 农产品直播带货的镜头运用

第一节
农产品直播带货的影像特征

可能在很多人的印象中，直播带货根本不存在什么影像风格，或者说根本就不至于冠以影像之名，顶多称之为画面。毕竟说到影像总会涉及美学、艺术之类的范畴，而现在互联网用于带货的各种直播和这些似乎根本没办法挂上钩。人们心目中，直播带货仿佛就是靠主播实力与个人魅力，加上价格吸引力和产品吸引力造就的。这个说法放在以前是没什么问题的，但以后呢？在这个影像优势作用被新媒体传播无限放大的时代，通过视频进行传播的直播带货绝不可能一成不变地走着完全只依赖"主播+价格+产品"的模式。以活动影像的根基——电影为例，现在的电影，我们可能会因为剧情不够紧张刺激、情节逻辑不严谨、人物太过标签化不丰满立体、特效太失真、画面不够唯美、演员表情太过木讷等各种原因吐槽它不够好。但如果我们回溯电影诞生的初期，只要能让画面里的火车动起来，观众就觉得惊喜不已。时间太短？不要紧。没有情节？不重要。有人瞄了一眼镜头？无所谓。没有声音？这东西需要吗？……不是吗？当一个新事物出现不久的时候，人们对它的需求是非常单一和固定的，不需要在各方面为它赋能。但后来的电影，有了情节、有了矛盾冲突、有了节奏控制、有了多线叙事、有了声音、有了色彩、有了3D效果……因为这个行业的消费者有了更多的诉求。

直播带货也是一样，如果随便把该有的要素框进画面里面作为直播带货的影像，那么显然会随着行业的发展被淘汰。同样可以类比电视广告。电视商业广告和直播带货一样都以售卖商品为目的，都没有将影像风格作为核心考量对象的一种视觉传播，但如果现在播放的全是20世纪八九十年代的广告，观众也会觉得那时的画面无论构图、色彩、人物装扮等都看着很不习惯吧。所以影像风格对某些视觉传播未必是最核心、最重要的,但是不能忽视它的存在与它承担的作用。直播带货也正是这样。

直播带货的镜头影像以纪实性为主,只有建立在观众能够真实观看到产品样子为基本诉求的基础上,才能有效为商品的销售服务。所以,目前网络上各种直播带货基本主打纪实风格。而农产品的售卖多数时候直接关系到食品健康问题,从而在直播内容上面也需要向观众真实反映农产品的外形,以便观众直观感受农产品是否新鲜等品质方面信息。当下农产品直播带货纪实性的影像风格具有以下几个显著特征。

一、写实化

基于纪实性需要,农产品直播带货的影像首先凸显的是真实感,写实化也成为其最为重要的特征。以带货、销售为目的的直播和其他类型的互联网直播最大的不同就在于,其他类型的互联网直播可以根据需求添加虚拟化的互联网元素,但带货直播在这方面可操作性余地非常小。同时因为用于带货的直播其经济收益核心来自产品推广和销售,不同于其他类型互联网直播以打赏等方式作为主要经济收益来源,故而通常也没有多余成本用于虚拟化元素的投入。

从传播学上看,在面对商业广告、产品推销等带着明确销售性说服目的的传播行为时,信息受众很容易产生防备心理。农产品的带货直播中在影像上越是一味去美化,越容易让观众产生不够接地气、不够真实的感觉,进而很容易对直播中展示的农产品相关信息产生不信任感。这显然是与直播带货的根本目的背道而驰的,所以农产品直播带货是绝对不可以让过度虚拟的元素与农产品展示融合在一起。在信息受众知道传播者传播目的性较强的时候,更愿意接受所谓"打直球"的说服方式,去掉各种修饰,用最简单的方式传递信息,更容易弱化受众的防备心理。这就是农产品直播带货的影像在现阶段必须以写实作为最重要特征的原因。

当前,这种写实化特征在农产品直播带货影像中主要体现于场景、产品、人物等不同方面。场景方面,农产品直播带货的常见场景除了专门的直播间以外，还包括种植或养殖场地、销售场地、分装场地等。无论哪一种直播场景都没有加入虚拟化的元素，甚至没有实际的装饰性物件，除了用于提示产品名称或者价格信息的牌子以外，农产品直播带货的场景很少加入原场景本身没有的事物。产品方面，农产品直播带货的各种农产品都是必然会出现在影像当中的，在不同场景中，它们的出现方式会有差异。专门的直播间场景内的农产品展示相对自由，可以摆放在镜头前，由主播拿起向镜头靠近展示，也可从镜头外拿入其他农产品进行销售产品替换。分装场地现场一般是以分装工序的工人工作为背景，农产品既要出现在背景的分装过程里，也要出现在镜头前来展示农产品。种植场地现场一般农产品还长在地里或结在树上，可以把地里和树上的农产品作为背景，镜头前放置已经采摘好的农产品，也可以直接让镜头以第一人称视角进入种植场地，清楚地展示农产品采摘前的样子，并伴随主播采摘农产品果实进行介绍。而无论哪种场景，无论处于镜头前还是背景中，产品本身都是不经过刻意修饰展示给观众的，观众可以看到农产品真实的样子。人物方面，农产品直播带货影像中出现的人物除了主播以外一般是当前场景的相关工作人员，比如分装场地画面背景中负责分装工序的工人。主播本身是为了销售农产品而存在的，其他工作人员也是符合场景本身真实性的。并且即便是主播自己不出镜，通常情况下，该场景画面中还是会出现其他人，如从主播第一人称视角拍摄从鱼塘捞鱼，镜头内被拍摄的就是养鱼捞鱼的人。这样即便主播不出现在画面里面，画面中仍有符合现实的人物存在，也让影像的整体视觉效果更加写实化，让观众更加相信影像的真实性。

  这种写实化的影像特征是否会持续不变，暂不能盖棺定论。尽管写实化已经是当今全网直播带货非常统一的影像特征，但究其本源，除了为观众营造"眼见为实"的感觉，让观众信赖产品以外，还存在成本和门槛等其他因素。由于直播带货从一兴起就背着"价格优势""划算""福利"等潜在标签，所以为了保证利润，控制成本就是必需的。因而早期的直播带货不可能花太多的人力或财力去做修饰，包括场景、软件和后期。这就使得之后直播带货的行业风口上跟进的人也追随这条路走着，因为这条路是已经有人印证了能成功的路，也因为这条路是门槛最低任何人都能快速进场的路，更因为这条路是一条花钱最少的路。然而，一旦数字技术甚至AI技术进一步发展，可以在极低成本的条件下使更多虚拟元素加入直播间影像构建,写实化特征也可能被削弱,甚至被取代。毕竟,任何统治性的单一模式都终究会被打破,一旦新的模式被人们所接受,原有的逻辑假定性就可能不再是闭环。再加上现在直播带货的品牌效应发挥得非常有限,暂时不需要在直播带货上作明显的品牌文化区别,才使得写实化风格无须被替代。一旦直播带货需要将品牌文化和品牌效应凸显出来,那么可能也很难再保持如今单一写实化风格的局面了。

但这种变化的出现也只是一种可能性,它需要很多不同因素共同作用才会产生,所以无论如何,短时间之内直播带货的写实化特征是不会被改变的。

二、自然化

自然化影像风格特征看似和写实化是同一回事,通常都指向影像纪实性,但实则在影像构建上两者的处理方式还是存在一些区别。写实化主要强调的是以现实认知或现实逻辑作为标准,而自然化则主要强调要尽可能减少有意的人为因素影响。比如常规情况下我们在对同一连续性事件或行为的镜头剪辑中是要避免"越轴"等一些让观众产生不连贯、断裂、跳跃感受的剪辑手法,因为这不符合人们对现实世界中观察此类事件或行为的感受与经验,这就是基于写实化的手法;而在电影里采用一些诸如手持拍摄产生的晃动感、镜头移动比人物相应动作略滞后、镜头运动过程的不匀速、镜头运动方向或幅度修正的手段,其实本质就是用一些镜头技巧淡化导演提前设计安排好的表演痕迹,增加临场感、现场感,这就是属于自然化特征的处理手法。

影像自然化的一大好处是信息展现的公平性,尤其是在说服性传播的时候,信息的公平性对于受众来讲是增加对信息传播者信任感的重要条件。传播学学者拉姆斯丁和贾尼斯曾在1953年针对信息公平性与传播效果之间的关系做过"两面提示"传播实验。所谓"两面提示",指的是传播者在传播过程中,在提示己方观点或有利材料的同时,也以某种方式提示对立一方的观点或不利于自己的材料,与之相对的,仅向说服的对象提示自己一方的观点或于己有利的判断材料的方式被称为"一面提示"。拉姆斯丁和贾尼斯认为虽然"一面提示"论旨明快,简洁易懂,不像"两面提示"那样复杂,需要受众自己梳理逻辑，但"一面提示"的最大弊端在于信息不公平，对于思考和判断能力较强的受众，这种信息不公平容易让受众认为传播者的信息是片面的、有缺失的。在说服性传播中，这种信息不公平更容易让受众怀疑传播者的动机和信息真实性。这种情况在直播带货过程中存在造成反效果的巨大风险。而"两面提示"所展现的信息公平感，在说服性传播中更加有助于信息传播者消除说服对象的心理对立与反感，使受众更容易接受传播者的信息内容。①在农产品的带货直播影像上，如果刻意单方面展现农产品的优点，完全规避存在的缺点，比较容易在接受说服性传播受众的防备心理作用下，被认为是不实吹嘘。而优缺点都展现出来的影像才更容易让观众觉得影像所传递的信息是真实、可信的。由此可见，虽然售卖农产品才是农产品直播带货的根本目的，但直播过程中画面所给出的影像语言并非仅仅展现农产品的优势就是最好选择。在观众已经带着对售卖商品必定存在说服目的这一防备心理的前提下，公平的信息可以获得观众更多的信任。自然化的影像属性就是一种能够在一定程度展现公平信息的方式。不刻意人为营造某种效果，自然展现原本的样子，这是自然化影像风格的本质。

此外，拉姆斯丁和贾尼斯的实验得到了一个更为重要的关于说服传播中"免疫效果"的结论。在实验中拉姆斯丁和贾尼斯在"一面提示"和"两面提示"的说服传播之后又加入了一次"反宣传"，也就是让已经被之前观点说服的受众接受一次相反观点的说服。实验中受到相反观点说服之后，此前接受"一面提示"而被原有观点说服的受众仅有2%维持被原观点说服状态，也就是说绝大多数之前接受"一面提示"的受众都被相反观点牵着鼻子走了。但此前接受"两面提示"而被原有观点说服的受众则有61%维持被原观点说服状态。②由此证明通过"两面提示"适当提前展现不利于自己观点的信息，是可以像注射疫苗一样，让受众对相反信息产生"免疫"的效果，不容易放弃已经被说服的原

---

① A. LUMSDAINE, I. L. JANIS.Resistance to"Counterpropaganda" Producedby One-sided and Two-sided "Propaganda" Presentations[J/OL]. Public Opinion Quarterly, 1953(17)：311-318 ［2024-05-25］.https://academic.oup.com/poq/article/17/3/311/1809107? login=true
② A. LUMSDAINE, I. L. JANIS.Resistance to"Counterpropaganda" Producedby One-sided and Two-sided "Propaganda" Presentations[J/OL]. Public Opinion Quarterly, 1953(17)：311-318 ［2024-05-25］.https://academic.oup.com/poq/article/17/3/311/1809107? login=true

观点。同理,如果观众在农产品的带货直播当中已经能看到产品存在的一些小问题,那么当拿到产品时,就很难因为这些小问题而对产品或直播内容产生不信任或责怪。但与之相反如果直播中刻意单纯展现好的方面,观众最终发现产品存在一些小问题,虽然可能不是什么严重问题,但之前的"一面提示"让观众提前有了一个比较完美的心理预设,相较于"两面提示"的状态更容易对产品或直播内容产生不信任或责怪。这样的情况"一面提示"的策略显然是不利于稳固回头客的,对于销售的长期性和持续性容易造成打击。

"两面提示"并非简单将两种观点的材料都抛出来让对方自己判断,而是在结合两种观点材料进行对比后依然要引导说服对方信任传播者的观点;自然化的特征,也并不简单意味着放手不管,影像风格方面更是如此。在影像作品创作中即便是纪实类的作品,如纪录片、专题片等,也并非纯粹自然没有人为影响的。纪实性影像的本质是让观众看不出影像所受到的人为选择或者干预的痕迹,或者尽可能弱化这种痕迹。即便是"两面提示"的传播方式,在进行两面信息提示之时也需要对两面信息对比之后的结论进行把控。在农产品直播带货时也不例外,缺点不是不能暴露,但优缺点的信息对比始终需要把握在可控的范围内,这样才能用于引导受众获取信息之后的态度,甚至行动。所以,随着互联网直播行业的逐渐发展和直播带货的受众需求日益加大,对直播中的画面要求只会越来越高,要在不露痕迹的情况下有效控制信息是基本要求。

和电影当中影像自然化风格处理手段有所不同,农产品直播带货的影像中要淡化人为痕迹,并非让镜头以一个面对临场突发事件的人的视角去体现一种被动的观察感,而是不要人为地让观众感觉到画面内容的割裂与不完整的选择性。从安德烈·巴赞建立影像纪实美学开始,他就强调"尊重感性的真实空间和时间",这是他对影像纪实性的基本要求,而"尊重感性的真实空间和时间"的具体方式,最直接的就是"完整"。在影像纪实美学中,"完整"有两方面决定性意义。其一是"完整"意味着是整体而不是被刻意筛选出来的代表性局部。相当于今天一共进行了5场直播带货,那么将5场全部的销售额都展示出来才最能代表今天直播带货的成绩,而不是从中筛选出1到2场的销售额以偏概全。也就是说越"完整"也越容易准确反映现实。这一点和我们所说"两面提示"让对方觉得信息更公平也一致,因为"两面提示"比"一面提示"更加"完整"。其二是因为在影像创作中有着"蒙太奇"这样一种建立在片段化、跳跃化特点基础上的手法,与"完整"正好相反。而"蒙太奇"组接关联是存在假定性的,所以尽管"蒙太奇"能通过片段去拼凑相对的完整,但这个完整可能是假的,不客观的。而巴赞强调的"完整"是真实客观的"完整",也就是说当一段时间或一个空间,不被"蒙太奇"拆分开进行重新组装来营造强制性、单一性、封闭性、倾向性的主观世界,那么它就是真正"完整"的,符合客观现实的。所以巴赞才会在场面调度理论中强调"长镜头"和"景深镜头",前者是保证时间和空间延展的完整性和真实性,后者则是突出空间纵深层次的完整性和真实性。长镜头已经是常规的互联网直播中的镜头运用方式。而在直播带货里,虽然没有刻意使用景深镜头,但由于拍摄距离等条件限制,因而所使用的镜头焦距通常都会让景深范围不会被压缩到比较小的范围,从而效果上也是符合景深镜头的。

综上可以看到,农产品直播带货中的影像风格自然化特征确实如之前所说,首先是满足纪实性和纪实美学的。其次,自然化特征的核心是让观众觉得是符合客观,是真实的。也是因为体现"完整",不刻意规避缺点,形成"两面提示"效果。虽然在"两面提示"的前提下通过控制优缺点来为销售服务,但也要确保画面本身不能给观众暴露出明显人为控制或篡改信息的感觉。

三、粗糙化

农产品直播带货的影像粗糙化特征是需要接地气的直播的基本诉求,是在不应该有太多人为干预修饰痕迹的常规思路中不可避免地产生的。这种特征最直接地体现在画面的构图和镜头的调度两个方面。

构图的粗糙化问题主要可以归结为元素堆砌,画面缺少有机组织。当下农产品直播带货的画面构图并不完全统一,而且也受场景不同的影响,有一些不同类型的基本构图,但最常见的情况就是将需要销售的农产品堆满接近画面的一半或更多,然后主播在农产品的旁边或者后面进行讲解和销售。这种构图能有效将直播画面最重要的两种元素——农产品和主播——涵盖在当中,但通常情况下,都没有对画面当中的元素进行有机组织或有效布局。尽管可以看到有些直播间的农产品的堆放是有讲究和设计的,摆放十分整齐,或者摆成了某些样式和图案,但构图的元素组织不是只针对画面中的某一种事物,而是要考虑到画面的整体与各个方面的联系。很多时候主播在农产品堆积位置的后方只露出一个头,摆放在前面的农产品将主播人物在构图上从脖子处截断,本身就是一种违背常规人物构图的状态。正常的人物拍摄,即便是面部特写,也是将其定义为"肩部以上",而非"脖子以上",其实就是为了避免这种从脖子处截断的"砍头式"构图。在保持头部完整的情况下,人像构图在特写面部时总是会带上肩膀或衣领,让画面不会显示出"砍头式"的诡异感,只有当头部上方被画框截掉一部分的时候,画框下方才会从人物脖子的位置截取。但农产品直播带货的影像中,被农产品产生"砍头式"效果的构图时常出现,这实际上便是一种构图组织的粗糙化表现。除此之外,背景色彩、背景场景与主体部分搭配、画面整体线条布局等方面在农产品直播带货中也存在构图粗糙问题。这种构图组织其实也算是农产品直播带货的一种门面,就和主播的声线、仪态一样,当新观众对产品情况还没有任何理解,很多时候他更愿意优先选择让自己看着和听着比较舒服的直播间。所以构图问题看上去不算什么大问题,却依然是农产品直播带货不能随意回避的一点。未来随着观众的视觉审美水平和要求越来越高,场景构图应该也会变得越来越重要。

调度的粗糙化问题主要体现在单机位限制了影像的丰富感和画面的侧重性。现在的直播带货单机位完成一镜到底的直播拍摄是常规状态,这样做的好处是可以将人力成本降到最低。单机位的情况下,如果有必要,甚至可以由主播一个人便完成一场直播的所有相关工作。即便是团队完成,团队的人数也可以控制到最低。但如果需要多机位,那么首先主播要独自完成直播就基本不可能了,除非他自己能够同时担当镜头切换的导播工作,但这样势必会让他的主播工作无法顺畅和连贯地进行,实际是得不偿失的。但单机位拍摄的缺点也很明显,在没有机位切换的情况下,直播镜头只能一镜到底,这就会使得绝大多数会以固定镜头进行直播的画面显得相对平淡,缺少变化,容易产生视觉疲劳和审美疲劳。此外,还存在着画面针对性有时不充分的问题,主播需要通过调整自身动作和位置将商品靠近镜头来突出重点和细节。所以单机位的选择确实是符合当下农产品直播带货控制成本的基本需求的，但随着整个直播带货行业的发展，这种需求不会一直保持，更加精致的画面最终会逐渐成为观众所需要的一部分，那么单机位就会逐渐不再适合成为第一选择，多机位配合拍摄直播会拥有自己的一席之地。

那么为什么农产品直播带货不可能一直保留粗糙化特征？影像的粗糙化可以说是写实化和自然化特征所连带出来的一个现象，当一切画面都淡化了人为的修饰，尽量接地气，让观众产生一种踏实的信任感，就不可能避免地会显得有那么一些随意和不够精致。但粗糙又不能和纪实性的影像基础直接画等号，因为除去纪实性追求以外，这种粗糙实际上也来源于之前所提到过的低成本与低门槛的现状。并不是所有的修饰都一定会破坏观众的信任感，或者说有些影像上的修饰带来的不接地气程度远远小于其所带来的整体质感提升程度，但因为目前直播带货的门槛依然很低很宽松，都没有把追求放在如何平衡影像质感和接地气这两者的问题上，再加上极力控制价格竞争以外的成本，所以一时之下没有人会特别在意农产品直播带货的影像是否是粗糙的，因为反正大家全都是粗糙的。可是这种情况不可能一直保持，就像开饭店，有时候可以光靠菜品的味道吸引顾客，但如果在同行竞争中自家菜品的味道优势没有那么明显的时候，店内的装潢与环境自然而然就可以成为辅助竞争的手段了。农产品直播带货也是一样，现今虽然竞争开始变得激烈一些，但还没有内卷到不可抑制的程度，一旦内卷程度加剧，直播间整体影像粗糙的现象必然会被打破。

四、单一化

影像单一化主要是指众多农产品直播带货所使用的影像风格特征高度雷同，缺少个性、独特性。前文的写实化特征中提到了农产品直播带货是绝对不可以让过度虚拟的元素与农产品展示融合在一起，但并不代表虚拟元素不可以用于农产品带货直播的影像之中。虚拟主播也好，虚拟的招牌也好，只要这些元素独立存在于农产品的展示以外，并且运用恰当，那么也并不会破坏农产品要传达给观众的真实信息，相应也就不会破坏观众对产品信息的信任感。

但由于当下的具体情况，虚拟元素加入的成本投入和收益回报难以平衡，所以农产品直播带货暂时完全没有向这个方向靠近。在控制额外成本的基本主张下，拍摄条件、场地条件都是尽最大可能采用最低预算，完全没有条件实现个性化设计，于是也就不可避免地出现了农产品直播带货影像风格整体的单一化特征。

农产品直播带货影像风格的单一化特征总体上表现在场景布置、元素构成、构图思路、镜头调度等几个方面。在场景布置上，前文已经有所提及，农产品直播带货的常见场景除了专门的直播间以外，还包括种植或养殖场地、销售场地、分装场地等。虽然看上去场景类型并不单一，但是综合起来看就会发现除了少数的第一人称视角的拍摄方式，如现场下鱼塘抓鱼的带货直播间之类，其他无论具体是什么场景其实际画面效果都是极其类似的。究其原因，主要是因为农产品堆放在画面中的占比大，也就是说无论是在什么样的场景，其实看得并不那么明显，一切场景在镜头中的表现都可以归结于"一个堆放和售卖农产品的摊位"这种既视感。正是由于这个"摊位"在画面中的占比很大，竖屏的画面也很难再给出特别充分的环境信息，即使有也并不容易抓住观众视觉注意力，所以不管是在存货仓库也好，包装车间也好，专用于直播的空房间也好，影像视觉效果都相差无几，唯一可以稍微期待变化的就是一些摆在户外的"摊位"画面了。在元素构成上，受到之前所谈到的成本限制的影响，所以农产品直播带货的画面很难添加各种元素。从画幅的占比来说，堆放的农产品加上旁边的主播，其画面的大部分区域已经被占据了，能够在环境上体现差异性的元素显得势单力薄，对于整体元素构成起不了直接影响。这种单一的画面元素构成好处在于写实感很强，同时不容易分散观众注意力，缺点在于直播观赏性会受到局限，对购买欲望不强或没有购买计划的观众吸引力比较有限。构图思路方面的单一化和元素构成方面的情况十分类似，或者说正是由于各种元素缺少差异化，在这些元素基础之上去进行构图的时候也就没有太多可以展现差异的地方了。所以，在农产品直播带货的影像构图时，由于场景和元素所限，景别、角度、主配体位置关系等构图基本问题都只能按照一个极其常规的标准进行。再加上农产品直播带货当前的影像质量就是以最低入行门槛为标准的，没有什么特别的信息展示需求，更没有什么美学追求，构图思路都是怎么简单怎么来。镜头调度方面的问题最直接的就是影像粗糙化特征中所提及的单机位问题，在单机位的前提下，几乎所有的常规影视作品纪实类的运镜方式全都被否定了，于是乎固定机位长镜头成为自然而然却又无法替代的主要调度手法。除去少数的第一人称视角的长镜头是可以运动起来的以外，一般的农产品直播带货的镜头调度总是无比的呆板。与之相反，其他的一些直播带货在自身产品的特定优势之下是可以让影像相对丰富和生动的。举个例子，一些陶器在直播售卖的时候其方式是镜头从主播的角度拍桌上的各种待售陶器，然后主播会以此将陶器拿到镜头前进行展示，也强调一些值得推荐的细节。这种过程随着一件件陶器拿起放下，画面的景别会随着陶器的远近变化而变化，观众的视觉注意力将在整体和细节间切换着，再加上陶器本身具有艺术性，就会让观众很容易在这个过程中感觉到享受。所以就算同样的固定机位长镜头，在调度上面也是可以让画面生动起来的，但农产品的直播带货缺少陶器直播的一些诸如艺术性的先天产品优势，不可能直接复刻这种模式，所以一旦被单一化所局限，短时间内就只能被限制在现在这种较为呆板的模式里面了。

其实单一化特征和粗糙化特征都是在现今这种特定的直播带货行业发展阶段中的一种状态，就如在粗糙化特征问题中说到的，一旦行业要求农产品直播带货陷入更深层的内卷，那么粗糙化特征和单一化特征都极有可能面临改变，因为这两个方面的改变都将是内卷竞争在农产品直播带货中最典型的形式。

第二节
农产品直播带货的场景设置

影像创作的基础建立在构图和场面调度之上,构图需要关注景别、角度、光、色彩、布局、层次等方面,而场面调度则主要强调位置、位移、行为、人物和镜头的配合等,需要把这些方面结合到具体农产品直播带货的影像构建中进行考虑。农产品直播带货的场景设置主要从场地、光效、布局与修饰等方面进行考量。

一、场地

场地本身是一切考量的基本出发点,第一步是需要确定室内还是室外,这是对后续问题影响最大的一个选择,甚至会限制光效、布局等其他几项的选择余地。例如选择柑橘林等户外场地进行直播,那么主要的光源就确定靠自然光,光效也就由当天的天气状况决定。

室内直播首先要有一个空间足够的房间,虽然看起来农产品直播带货所需要的空间并不是很大,只要能堆放相应农产品就可以,但实际上在直播画面中不能让空间纵深太过于紧密,首先是因为直播所用房间,通常为了防止杂音被收录是要封闭拍摄的,如果空间太小主播的说话声容易产生混乱的回声,影响收音效果;此外空间太小视觉上会有压迫感,也就是说一般情况下主播和农产品需要和背景之间保留一定的空间感。与此同时镜头和主播、农产品之间也需要有充分的距离,尽管农产品直播带货不需要很大景别的画面,但仍需要考虑焦距和拍摄距离之间的搭配。直播带货使用最多的一般是中焦距或中偏短的焦距,在中焦距情况下焦距不会将画面过度放大,仍需要留有一点拍摄距离让画面主体部分占比不要过大;使用短焦距的情况下拍摄距离可以稍微近一些,但因为短焦距对镜头边缘的画面容易产生拉伸变形,所以通常不会使用太短的焦距进行直播拍摄,因而拍摄距离不可能特别贴近;长焦距在空间需求上来看是很不实用的,因为长焦距本身会放大画面,所以为了保持正常的构图景别比例,就必然要拉开较长距离进行拍摄,同时长焦距还会在视觉上压缩纵深感,使得背景容易看起来贴近主体部分,就需要更大的空间距离让背景远离主体部分,由此看出对空间大小要求比中短焦距要大得多。在农产品直播带货时使用中焦距或中偏短焦距进行拍摄,是最实用的方式,当然,如果在空间方面有充足的条件,那么长焦距也会有它的优势——压缩景深范围,虚掉前后景,让主体部分更加突出。这种虚化效果比在软件上面做虚化特效要自然很多,只是必须有足够大的空间纵深来实现。

当选定了室内直播的时候,就基本确定了使用人工光源,也就是灯光。为了让镜头里的农产品看起来清晰且有质感,通常情况下在进行农产品直播带货时不会仅仅使用生活照明,所以还是需要搭配些许照明设备。与之相反的是在室外的场地进行直播带货,光源依靠自然光源,也就是太阳光。太阳光照明最大的特点是光照范围广并且散布均匀,并且还有着免费使用的优势,最大的缺点是不可控,会受到时间和天气的直接影响。虽然自然光源是免费的,相比较而言省去了一些照明设备的成本,但室外的收音效果不一定很理想,所以有可能需要添加收音设备,设备成本方面也不一定比室内直播要低。在进行室内室外选择时,不应该把注意力放在照明设备所带来的成本上进行比较。一般的直播带货很难被放在室外进行,但有部分农产品有着先天优势,可以在种植场地等类似的室外场地进行直播。在种植场地进行直播,对于农产品直播带货来讲显得更接地气,而且将农产品的种植地直接展示出来也给观众带来一种从种植地直接售卖,没有"中间商赚差价"的心理暗示。但是室外直播受时间和天气因素的制约严重,再加上收音难度较高,周围出现干扰声音或画面元素的概率也较大,所以室外的农产品直播带货难以成为最为常规的直播方式,只能作为一个用来丰富直播效果和直播影像风格的手段。

在选择室外场景时,要提前了解当日天气状况,着重留意是否会出现降雨或大风。这两个状况都会让直播带货的过程变得极其不可控,大风会严重影响室外拍摄的收音效果,也会影响呈现在画面里面的各种事物,主播的工作更是难上加难;下雨的情况虽然看似搭一个棚就能解决,但雨声也会影响收音效果,雨帘、雨雾都会让画面内容变得不够清晰,所以并不是把雨遮挡住就能解决问题的。如果有比较明显的变天状况,即便不出现大风和降雨,也可能会因为云层变化影响镜头曝光效果,画面中的光效会产生变化,忽明忽暗,也影响农产品呈现的清晰程度。所以尽管农产品直播带货拥有可以选择室外场地的优势,但对场地条件仍有很高的要求,在选择室外场地时,一定要对场地条件谨慎把关。

在选择室内场地时,主要考虑的就是空间大小问题。对空间大小主要把握四个方面:①主体部分(农产品堆放和主播站或坐的位置)所占空间大小在整个室内空间的占比;②镜头到主体部分的距离是否充足;③背景到主体部分的距离是否有纵深;④辅助的非出镜人员以及灯光等非出镜设备的空间是否充足,是否会因拥挤导致存在莫名进入画面的可能。

二、光效

农产品直播带货影像的光效问题首先是由场景选择所决定的,室外场地主要考虑自然光运用,室内场地主要考虑人工光使用。自然光运用时主要注意拍摄角度和太阳光照射角度之间的配合,保证农产品和主播朝向镜头的这一面能够有效受光,呈现清晰的画面效果,必要的情况下,需要搭配简单的反光设备或补光设备来保证直播影像的光效。人工光使用的时候,需要合理利用室内空间的布局,对灯光有效分布与配合,达到最好的影像光效。

总体上看,室外自然光源下光效属于只能将就自然条件的不可控状态,不必过于赘述,而农产品直播带货的室内人工布光在大的思路上跟一般的摄影棚人像布光是一致的。虽然农产品展示和人像拍摄完全不同,但基本的光照原理,以及对主播人物的表现和人像摄影大同小异。农产品直播带货需要考虑光照角度的配合。人像拍摄时候通常是用侧顺光作为主光源,这样既能够照亮主体人物正面绝大部分,又能够将人物尤其是面部的层次感、立体感体现出来。农产品直播带货也需要考虑类似的因素,但主要照顾的是农产品本身。

侧顺光作为主光源可以有两种处理方式。一种是单个侧顺光作为主光源,然后在另一侧补一个稍弱一点的侧顺光,或者从正面补一个稍弱一点的顺光作为辅助光,这样可以弥补少量正面看过去不能被主光源照射到的局部;另一种则是双主光源,由主体左前方和右前方两边同时架设两个同等侧顺光,类似拍证件照这种人像摄影的布光方式,这样的好处是左右侧顺光可以做到无死角互补,同时有些局部只能被一个方向的侧顺光照射到,依然会有明暗对比形成立体感和层次感。

当然,侧顺光作为主光源并非农产品直播带货布光的唯一选择,以顺光作为主光源也是一种常规做法。顺光作为主光源对于专业摄影和摄像来说,无论是对于静物摄影或是人像摄影都并不是好的选择,但在农产品直播带货的光效呈现上却有着自己的优势。首先,农产品直播带货的主要拍摄对象是农产品,排第二的才是主播,所以和专业拍摄人像相比并不需要过分突显人物细节,而农产品相比于人物面部来说通常没有那么复杂的立体层次需要表现,所以就算顺光作为主光源会牺牲立体感和层次感也不算是很大的问题;其次,顺光会让主体在画面中显得扁平没有立体感的特点反而可以将主体在画面中的细节质感降低,这种效果有利于隐藏一些细节上的视觉缺陷,这有点类似于我们现在在手机的图片软件都有的磨皮功能,在提升画面人物皮肤质感的同时磨皮也在柔和画面中的光调带来的立体感,当人物面部的立体感被柔和减弱以后,人物面部的细节性就变弱了,一些在立体光效下容易暴露的面部缺陷就被隐藏了,所以农产品直播带货同样可以利用顺光来弱化立体感,降低暴露产品视觉缺陷的程度;再者,顺光作为主光源是最节约成本的一种做法,因为它完全可以不用搭配辅助光源,单独一个光源就可以完成,而侧顺光如果不搭配辅助光,效果上会有比较明显的问题。因而,在农产品直播带货目前这种还没有在直播影像效果内卷起来的状态之下,使用顺光作为主光源其实也算是一种简单、实惠、操作门槛低,也更容易普及的处理方式。

除了主光源和与主光源配合照射主体部分的辅助光源以外,有些农产品直播带货的直播场地也需要考虑背景光的运用。背景光可以是由专门针对背景板或背景区域照射的辅助光,也可以是带有发光功能的背景板设备。无论哪一种,最需要注意的是光的强度和角度:首先不能因为背景光太强而让背景在镜头里显得晃眼,甚至针对镜头产生反射,让画面出现光斑;其次,要注意背景光要柔和散射,不能出现背景板不同区域太突出的明暗对比,以免分散观众注意力;最后,整个背景的光效要和直播场地整体的光效融为一体,不能让背景跳脱出来。当下来看,背景光不算是农产品直播带货必须处理的要素,甚至有些直播间的拍摄角度根本没有给背景留出多少画面空间。但这个局面势必会改变,因为其他产品的直播带货影像已经对直播间的光效,尤其是背景光效越来越重视,农产品直播带货虽然相比较来看更加接地气,在直播场景的布光上并没有那么讲究,但整个直播带货行业的大趋势必然会带动农产品直播带货产生改变。

三、布局与修饰

农产品直播带货的影像主体部分是农产品展示和主播,所以在布局和修饰方面也都需要围绕主体部分为核心来完成。当下农产品直播带货对主体部分的突显程度做得比较到位,因为画面基本被主体部分占据了。但如果需要在农产品直播带货的影像上挖掘更多个性化的竞争力,仅仅做到突显主体部分是远远不够的。有部分农产品直播带货的影像构图是微仰视的拍摄角度,这种角度在操作上可以做到比较简单地处理布局,因为背景都是接近天花板的部分,不需要什么修饰,加之一般情况偏仰拍的视角下画面景别较小,主体部分在画面中的占比相较于其他直播构图会更大,所以背景部分在画面中能被看到的比例也就非常小了。这种微仰视角是当今农产品直播带货的影像构建中一种相对低门槛、易操作、画面更加简易、辅助修饰最少的拍摄方式。当然,这种方式在直播带货中的影像构建方式中算是最为单调乏味的一种。

随着整个直播带货行业的发展,农产品直播带货影像风格要想摆脱单调乏味的模式,就需要在整个影像的布局和修饰方面做一些有利于传播的调整。从影像整体布局的角度来看,要考虑构图的有效性,也就是构图是否能抓住观众视线并让观众注意力放在主体部分。一般情况下,主体部分按照画面横向黄金分割率,放在画面接近三分之二的位置是最有效的,但由于农产品直播带货基本是竖屏画面,横向画幅距离非常有限,所以三分之二的位置就没有那么重要。一般建议主体部分不要完完全全置于画面中间，形成全对称效果就可以，因为放在中间，也就是所谓纯粹"几何中心"构图的方式会让画面过于刻板，没有活力。主体部分不完全置于画面中间有几种不同方式可以处理，其一是主体部分位置偏向整个画面的某一侧，另一侧空出来可以形成一个走动空间，用于主播小范围走动，让主播和农产品展示一左一右，保持相对平衡但肯定也要有高低或范围不同，或是将空出的一侧空间作为更换售卖农产品时的上货路线，形成画面上的一个叙事空间延展；其二是可以让农产品展示区域位于画面中间，主播不要位于展示台后面，而是侧面，这样主播作为主体部分的组成在展示台一侧让原本居中对称的位置变得不再居中对称，也能解决主体部分不完全置于画面中间的问题；其三则是农产品的展示区域基本位于中间，主播可以站在展示台后方，但整个展示台区域的放置有意地呈现左右不对称的摆放形状或形态，这样虽然是"几何中心"构图，但主体本身的不对称感会弱化"几何中心"构图方式所带来的刻板感觉。处理完主体部分的布局以后，其他要素的布局总体也需要让画面不要过于呆板。比如背景的处理，如果是带图案的背景板，那么整个图案最好不要过于对称，仅在主体部分明显摆在画面某一侧的时候可以使用对称图案的背景板。如果是农产品堆放作为背景，那么堆放位置一定不要在背景正中间，最好和主体部分的方向相反，和主体部分尤其是主体不分离的农产品展示区域错开，以免同类型物体在同一视线方向造成重叠，带来视觉上的杂乱感。如果是加工或包装的生产线或是装车运输作为背景，那么生产线或装车的整体视觉线条走向不要过于平直，可适当在背景中形成不对称的斜向线条走向。

  解决完布局问题，就需要进一步细化修饰的元素。最常见的修饰元素是招牌或农产品相关信息介绍的指示牌。从位置方面看，如果是悬挂式招牌，可以居于画面上方的中央位置；如果是粘贴在农产品展示台前方的招牌，一般建议粘贴在展示台前方中间的位置；如果是由软件合成的虚拟招牌，可以参照悬挂和粘贴式的位置处理；如果是摆放式的招牌，需要摆放在农产品的展示区域，一般不要摆放在展示台中间位置，可以摆在展示区偏左或偏右三分之二位置，也可以直接摆放在左右两端的某一端，通常情况下可以考虑将摆放式招牌不完全正对镜头，而是略微侧向转动一些，且转动方向与其在展示区域摆放位置的左右偏向为相反方向（若招牌摆放于展示台左边，招牌略微向右转向，若摆放于展示台右边，则转动方向相反）。

招牌或信息指示板属于基础性的修饰元素，除此之外的其他修饰元素是否应该添加，需要如何处理，这些问题和基础性的修饰元素会完全不同。最直观的差异在于其他修饰元素无论是实体的还是数字化软件合成的，基本不存在必要的信息，几乎属于纯粹的美化装饰，于是这些修饰元素相比于带有信息的招牌来讲，是没有信息功能的，也就缺少功能的必要性。所以这些修饰元素是可以完全不使用的，即便是将来农产品直播带货的影像存在进一步内卷的可能，但这种内卷也不会要求这些非基础性的修饰元素成为影像构建必需品。当然，从另一方面来说，尽管不是必需品，但也不需要完全否定非基础性修饰元素的存在意义或是排斥它们的存在，纯粹的美化装饰也是一种功能体现，只是在使用的时候需要相对谨慎。

首先，非基础性的修饰元素一定不能过多。农产品直播带货和娱乐直播或者其他某些类型商品的直播带货性质和风格都是完全不同的。娱乐性质的直播通常都会美化直播间画面的整体风格，影像包装本身就是娱乐化的体现方式之一。其他商品，比如化妆品、偏精致的工艺品，这些商品本身自带审美属性，在直播间的装饰上也需要让人觉得和商品气质是相符合的。但农产品直播带货不一样的地方就在于农产品本身没有过多审美属性，也不像娱乐直播一样需要带有娱乐化功能，所以如果纯粹的美化装饰太多，整个直播间的风格就会脱离农产品销售的风格，也就是让农产品直播带货变得不够接地气。而对于农产品直播带货的观众来说，他们也不是为了娱乐或是审美的目的进入农产品带货的直播间，要将这些观众真正转化为农产品的消费者，是需要用农产品本身去吸引观众的，如果整个直播间因为装饰而变得花里胡哨，显然会破坏观众对于农产品的直接感知。

其次，要注意非基础性修饰元素的色彩、形状、大小等。在使用非基础性修饰元素进行影像美化装饰时，一定不能使用过于艳丽或过亮过浓的色彩，否则容易造成影像主体部分显得黯淡，观众注意力被分散等问题，使整个构图失去重点，对直播时主播的控场和引导也将增加额外的难度。除了色彩需要着重注意以外，用于纯美化的修饰元素的尺寸大小也需要控制，不要因为尺寸太大而喧宾夺主，形状上也不要过于奇形怪状，或者形态线条和整个直播画面格格不入，这些都会让观众难以专注于农产品本身，破坏直播影像效果。对于农产品直播带货的影像来说，最好的美化装饰应该是用来弥补多余的留白，形成画面元素间的联系，最终要让直播画面看起来更有整体性，而绝对不是让修饰元素从画面整体效果中跳脱出来单独吸引观众注意力。

最后，主播虚拟形象作为修饰元素是否可以出现在农产品直播带货的影像中，这会是一个需要进一步去探索的问题，因为其中涉及的因素不是单一化的。从大众对互联网信息传播方式变革的接受程度来说，农产品直播带货当中出现主播使用虚拟形象，甚至直接使用虚拟主播，都并非不可接受的。但可以接受和能够实现积极效果并不完全等同，也就是说虚拟形象作为修饰元素要能为农产品直播带货的效果服务还是需要更多助推力。比如直播带货行业的整体风格，或是新媒体传播的整体风格走向，这些都会让观众对于农产品直播带货影像的默认期待产生变化。由于农产品的直播带货在所有直播带货里面是最需要接地气的，所以虚拟形象在其他所有直播带货中的使用，除了一些不得不真实露脸的场景（比如试用口红效果）不算在其中，负面效果风险几乎都比农产品的直播带货要低。所以农产品直播带货使用虚拟形象在初期是存在一定风险的，但这种风险的负面效应其实没有那么大，在农产品本身质量有保障的情况下，虚拟形象给观众带来的不适应未必会直接影响销售金额。并且只要一段时间内若干直播间都多一些这方面的尝试，观众对农产品直播带货影像风格的默认期待被改变以后，虚拟形象就不再是个问题，并且可以成为直播间的一种品牌效应。不过要注意的是，农产品直播带货对主播个性化的需求程度不会那么强，也就是说虚拟形象作为品牌效应不属于刚需，所以如果要以虚拟形象作为品牌效应的支撑，就不可能随便贴一个头像上去，要考虑到形象来源的成本，是否有相应的品牌宣传价值。另外，农产品直播带货使用虚拟形象是否要跳出当下虚拟形象整体走可爱化风格的大环境，开辟虚拟形象新类型，也是后续可能需要去研究的问题。

第三节
农产品直播带货的镜头运用

农产品直播带货的镜头运用目前整体相对简单，一般是单机位、固定机位，加上随景别需要临时进行变焦的方式进行，也有少部分第一人称视角以跟随式的单机位、不规则运动机位形式进行拍摄。两种镜头运用方式基本没有任何对比竞争性，分别承担着不同的场景和拍摄需求。当然，也如前文所说，农产品直播带货的影像需求极有可能随着行业整体发展形成的内卷而产生更高的要求，所以，我们也需要从不同角度来审视不同模式下的农产品直播带货镜头运用方式。

一、单机位+固定机位+变焦

单机位、固定机位加变焦的镜头运用方式最大的优势是低成本、低门槛、操作简单，简单到一个手机、一个支架，就可以完成镜头调度的基本部署。如果人手有限的话，甚至直播过程中的变焦都可以不要，也就是说不需要拍摄人员，主播以自拍形式架设好镜头，通过自己拿着农产品进行走位和相应动作来改变画面中主体的景别，代替镜头焦距变化让观众的注意力在整体和细节间实现转换。当然，通常情况下简单易上手的操作方式最大的劣势就在于局限性很大。单机位、固定机位加变焦的镜头运用方式得以盛行的最主要条件就来自于当下农产品直播带货的影像风格本身没有很高的要求，即便是存在局限性也并不会破坏基本的直播效果。现今常规的农产品直播带货影像风格就是一个展示台上面展示销售的农产品，主播则在展示台旁边或后面进行讲解。

由于拍摄场景内容本身简单，元素相对集中，拍摄主体部分以外的元素多数属于可有可无的情况，所以镜头其实只需要针对拍摄主体部分，也就是农产品展示和主播出镜就完全足够了。所以尽管单机位、固定机位加变焦的镜头运用方式存在很大的局限性，但这种局限影响不到对拍摄主体部分的基本表现效果，于是这种最简单易上手的镜头运用方式自然而然成为主流选择。

基于现如今农产品直播带货的需求，单机位、固定机位加变焦的镜头运用方式很好地把握着直播带货的核心信息呈现，足够满足以带货为目的的直播内容的关键呈现。无论是农产品整体样貌品相，还是局部细节，再加上与主播语言相匹配的表情、动作，以及所谈论农产品的相关介绍内容作为画面配合，单机位、固定机位加变焦的镜头组合运用方式，能将最重要的信息以朴素却精简的方式传递给观众。反过来看，这种镜头运用方式确实很难给予画面更多的信息支持，它可以满足呈现现今多数农产品直播带货的信息内容，但如果农产品直播带货需要更多的画面信息作为内容支撑，这种拍摄方式的弊端就会显露出来。比如畜牧业和渔业的农产品直播带货，就有现场抓获或捕捞的场景，类似于在养鸡场里面现场抓鸡售卖，鱼塘边现场捞鱼售卖等形式。无论是抓鸡还是捞鱼，显而易见的是这些场面都存在很大的不确定因素，人的位置、鸡或鱼的位置是没有办法完全提前预判的，镜头应该对哪里也是没有办法提前安排的。如果用一个很大的景别把整片区域框进画面，操作上是可行的，但由于景别太大，视觉距离远，容易看不清动作，更看不清农产品细节，那么这样的镜头就算把所有信息都完全框在画面里面，对观众来说一方面重点不突出，另一方面信息太粗略，实际上使绝大多数信息都成为无效信息。即使是在养鸡场、鱼塘等场地进行拍摄，也只能以养鸡场、鱼塘等作为背景，镜头前依然只能用展示台加主播的方式进行画面呈现。所以单机位、固定机位加变焦的镜头运用方式的局限性让它只能对常规摆拍的简易场景有效输出画面信息，一旦遇上复杂多变、未知因素较多的场景时，这种镜头运用方式就不再适合进行直播带货的影像构建了。而正是这种情况下，第一人称视角单机位加镜头不规则随机运动的镜头运用方式，可以在一定程度弥补单机位、固定机位加变焦所存在的短板。

二、单机位+第一人称视角+不规则随机运动

　　第一人称视角单机位加镜头不规则随机运动的镜头运用方式最大的优势特点在于机动性。因为是第一人称视角，所以主播不是必须出镜，很多是在语言介绍的同时控制镜头拍摄，部分情况下也可以由主播之外的人员专门进行拍摄，这种情况下主播可以选择是否出镜。无论是由主播控制镜头拍摄还是专门的拍摄人员负责拍摄，第一人称视角都可以在场景中移动，并更加自由地进行运动拍摄。所以当用在抓鸡、捞鱼，或者主播带着观众逛茶山、穿橘林等场景之时，这种机动性极强的镜头运用方式就能将自身的优势最大化发挥出来。正如前一种镜头运用方式中所说，抓鸡、捞鱼、逛茶山、穿橘林等场景存在着极大的随机性、不确定性，很多时候拍摄状态没有办法进行提前预判，所以只有从第一人称视角对随机发生的情况进行追踪性的镜头运动，才能有效抓住这种场景的核心信息并进行影像展现。并且依赖于观众对第一人称视角的代入更强，观众对于抓鸡、捞鱼等过程或是茶山、橘林原生的样子以及各种农产品被采摘前的品相也会更有兴趣，让农产品直播带货的场面与画面不像通常情况那样呆板。同时，这种氛围有利于建立主播和观众之间的交流关系，也就更容易让观众跳出说服性传播受众常有的心理防备，更容易受到主播的语言引导。

　　第一人称视角单机位加镜头不规则随机运动的镜头运用方式相对于最基础的单机位、固定机位加变焦的镜头运用方式，门槛更高，由于其大多数都是由主播控制镜头运动进行拍摄，所以对主播本身的能力也有着更高的要求，即便少数是主播身边跟随专门的拍摄人员，也需要拍摄人员和主播在运动拍摄中达成各种默契配合状态，实际比主播单独完成更难。由于门槛所限，第一人称视角单机位加镜头不规则随机运动的镜头运用方式不可能像单机位、固定机位加变焦的镜头运用方式那样普遍，但随着行业发展必然带来专业化水平提升，第一人称视角单机位加镜头不规则随机运动的镜头运用也必将更加专业和成熟。

　　当下在农产品直播带货的影像构建中，第一人称视角单机位加镜头不规

则随机运动的镜头运用方式不如很多其他商品的直播使用广泛，在景德镇陶器和瓷器的集市直播代购、4S店探店直播卖车、云南玉器首饰直播带货等不同商品的直播中，这种手法已经十分普及。农产品直播带货之所以没有上述商品直播中这么普遍使用第一人称视角单机位加镜头不规则随机运动的镜头运用方式，很大原因在于农产品大部分用于食用，所以纯视觉观察的信息相较于某些商品来说说服力没有这么强。如陶瓷、玉器之类带有工艺品属性的商品，视觉观察可以说是决定性的信息，汽车虽然不能光靠视觉观察，但是排量、气缸数量、涡轮等动力部件、ABS等安全设备都是可以通过客观量化信息弥补视觉信息对车辆性能表现的不足之处，因而通过第一人称单机位加镜头不规则随机运动的镜头运用方式更清晰地交代视觉信息变得更为重要。农产品直播带货无法客观量化口感、酸甜程度等信息，所以很多时候人们会产生下意识的认知，就是农产品直播带货的视觉信息对商品起不了决定性作用。这是农产品直播带货目前还没有加强影像构建的原因之一。但实际运用中我们可以发现，视觉依然是我们可以引导受众对食物产生兴趣的重要因素。在一些卖茶叶的直播中使用第一人称视角单机位加镜头不规则随机运动的镜头可以带观众走进茶山，观察茶树的生长环境，然后通过第一人称的灵活视角更容易表现茶叶被泡开的过程、茶汤的色泽等视觉信息，在观众无法通过直播直接感知"香"和"味"的时候，通过视觉影像所传递的"色"其实肩负起了更重要的功能，加上主播对"香"和"味"的解读就能达到更好地引导观众的效果。这种镜头运用方式在水果等农产品的直播带货中其实完全可以起到相同的作用，只是目前水果的直播带货因为成本控制等因素并没有放开对于影像的灵活使用，在接下来的行业发展中，第一人称视角单机位加镜头不规则随机运动的镜头运用方式必然会在各种不同的农产品直播带货的影像构建中占据更重要的地位。

三、未来的多机位发展可能性

单机位加镜头不规则随机运动的镜头运用方式在未来预计并不会产生特别明显的变化，第一人称视角本身不适合多机位搭配，因为一旦多机位剪辑，相当于在不同人的第一人称视角之间来回切换,这样第一人称视角所具有的代入感就会在这种切换中被消耗掉。所以第一人称拍摄方式极大概率是不会有颠覆性变化或多机位配合的。未来的变化主要会来自单机位、固定机位加变焦的镜头运用方式的转变。如前文所说,单机位、固定机位加变焦的镜头运用方式优势在于低成本、低门槛,但局限性太大,正是这种局限性会使得单机位、固定机位加变焦的镜头运用方式除去场景设置和虚拟元素介入之外几乎没有影像上的发展空间,随着直播带货行业的发展,影像呈现方式的丰富化,虽然单机位、固定机位加变焦的镜头运用方式依然可以作为农产品直播带货中较大占比的一种镜头运用方式,但更加成熟的直播销售团队会越来越多地跳出最基础最刻板的简易模式,让直播带货的影像更有新鲜感,让观众能够在众多同类型带货的直播间中对自己的直播间有更深的印象。

而最能够在单机位、固定机位加变焦的镜头运用方式基础之上弥补短板的镜头运用方式就是多机位加固定机位,或者多机位加固定机位附带个别运动机位的方式。无论是多机位加固定机位,还是在以镜头调度核心演变出的多机位加固定机位附带个别运动机位的方式,本质上都来自现如今电视和新媒体中所使用的演播室镜头运用策略。演播室的镜头调度本质上需要处理好两个问题,一个是机位选定,其中包含不同机位之间所需要的分工与配合,另一个是导播的镜头切换。在直播节目中,前者属于准备工作,后者属于现场执行。那么农产品直播带货中,可以用同样的思路处理镜头调度问题。

首先,在准备工作阶段设定好整个直播需要涵盖的信息内容有哪些;其次则根据所要表现的信息内容对不同机位实现分工,明确每个机位所负责的拍摄职责;再次考虑镜头和镜头之间的衔接搭配是否需要有配合;最后是在直播的过程中,导播负责根据当下需要交代的画面信息进行不同机位镜头间的切换以符合影像需要和配合主播语言内容。在进行机位职责划分时,第一是考虑角度上的互补,某一个角度的机位拍摄或多或少存在可能被遮挡或表现不那么清晰的信息,不同机位间的拍摄角度互补可以解决这个问题;第二是考虑景别的搭配与衔接,多机位分工的时候必然有部分机位时时关注整体,部分机位关注细节,需要不同的景别来实现,同时大中小景别的搭配设置,可以让镜头切换的时候更容易进行衔接,避免出现同角度、同景别(或过分接近的景别)

组接产生的画面不连贯等;第三是轴线规则,相邻镜头的拍摄机位应该处在轴线(由被摄对象的运动方向、视线方向或相互之间的关系等形成一条假定的直线)同一侧的180度范围内,避免画面中左右方向混乱。这些镜头分工的处理都属于影视创作当中较为常规的操作内容,多机位的镜头运用方式比起单机位加镜头不规则随机运动的镜头运用方式需要更高的成本,也需要更高的专业门槛,所以多机位适合由专业团队完成,这些常规操作对专业团队来说也不存在太大难度,是可以在未来更加成熟的农产品直播带货中进行推广的。

第六章
农产品直播带货的效果评估与优化

⊙ 农产品直播带货效果评估方法
⊙ 数据分析与优化策略的制定
⊙ 农产品直播带货的未来展望与趋势分析

第一节
农产品直播带货效果评估方法

近年来,农产品直播带货已成为电商领域的新兴趋势,其独特的销售模式为农产品市场拓展了新的渠道。然而,如何科学评估直播带货的效果,确保投入与回报的合理性,已成为业界和学术界共同关注的话题。

农产品直播带货作为一种新兴的销售模式,在提高农产品销售、增加农民收入等方面发挥了重要作用。为了确保其健康、可持续发展,对直播带货效果进行科学评估至关重要。本节从评估方法和评估维度两个方面,系统地介绍农产品直播带货效果评估的方法体系,并通过案例分析进行了实证研究。

一、评估方法的选取

在农产品直播带货效果的评估中,主要采用以下几种方法。

(1)纵向对比法:通过对比直播活动前后的销售数据,了解活动对销售的促进效果。例如可以比较活动前一周与活动后一周的销售额变化。

(2)横向对比法:将直播带货的销售数据与其他销售渠道的数据进行对比,以判断直播带货的相对优势。例如可以比较直播带货与电商平台销售数据的比例。

(3)综合对比法:结合纵向对比和横向对比,全面评估直播带货的效果。这种方法能够更准确地反映直播带货的实际效果,因为单纯的纵向对比可能受到其他因素的影响,而单纯的横向对比可能不够全面。

(4)目标对比法:将直播带货的实际效果与预期目标进行对比,以判断目标的达成程度。这种方法有助于了解直播带货策略的有效性,并为未来的活动提供参考。

(5)活动与活动对比法:对相似活动的直播带货效果进行对比分析。例如可以比较不同农产品在相似活动下的销售数据,以发现哪些因素对直播带货效果有显著影响。

(6)投入产出比法:通过计算直播带货的投入产出比(ROI)来评估其经济价值。具体而言,可以将投入的广告费用、直播成本等与实现的销售额进行比较,以确定投入产出是否合理。

二、评估维度的确定

除了以上评估方法外,还需要从多个维度综合评估农产品直播带货的效果,以确保评估的全面性和准确性。这些维度包括消费者维度、传播维度、电商维度、主播维度。

(1)消费者维度:从消费者的角度评估直播带货的效果。例如,可以调查消费者对农产品的认知程度、购买意愿以及对直播带货的接受程度。这一维度有助于了解消费者对直播带货的认可度及其购买决策过程。

(2)传播维度:评估直播带货的传播效果。例如可以分析直播的覆盖范围、观看人数、互动程度等指标。这一维度有助于了解直播带货的传播效果和影响力。

(3)电商维度:从电商平台的视角评估直播带货的效果。例如可以分析电商平台上的农产品销售数据、流量变化以及用户行为等。这一维度能够反映直播带货对电商平台运营的影响。

(4)主播维度:评估主播在直播带货中的表现。例如可以分析主播的粉丝数量、影响力以及与粉丝的互动情况等。这一维度有助于了解主播在直播带货中的作用和价值。

三、评估方法的研究

农产品直播带货效果的评估是一个复杂而动态的过程。随着技术的不断进步和市场的变化,评估方法也需要不断更新和完善。未来,可以在以下几个方面进行深入研究。

1. 大数据分析

随着大数据技术的不断发展,我们可以利用大数据分析对农产品直播带货效果进行更精确的评估。分析用户的观看行为、购买习惯和社交互动等数据,深入挖掘用户需求和市场趋势,可以为农产品直播带货提供更有针对性的策略。

2. 智能化评估

利用人工智能和机器学习技术,实现对农产品直播带货效果的智能化评估。通过构建智能评估模型,自动提取关键信息、分析数据并生成评估报告,提高评估的效率和准确性。

3. 跨平台比较

随着各种直播平台的不断涌现,我们可以将农产品直播带货效果在不同平台之间进行比较,以发现不同平台的优势和劣势。这将有助于农产品电商选择合适的直播平台,实现更好的销售效果。

4. 长期跟踪研究

农产品直播带货效果的评估不应局限于短期内的销售数据和活动效果,而应进行长期跟踪研究。通过观察和分析农产品在直播带货后的销售趋势、品牌影响力和市场竞争力等方面的变化,全面评估直播带货的长期效果。

5. 综合因素考量

在评估农产品直播带货效果时,除了关注销售数据外,还应综合考虑其他相关因素,如消费者满意度、品牌形象、供应链协同等。这些因素对于评估直播带货的综合效果和提升农产品电商的整体竞争力具有重要意义。

农产品直播带货效果的评估是一个持续不断的过程。通过不断完善评估方法、更新技术和拓展研究领域,我们可以更科学、全面地评估农产品直播带货的效果,为农产品电商的发展提供有力支持。同时,希望更多的学者和业界人士关注农产品直播带货效果的评估问题,共同推动相关研究的深入发展。

第二节
数据分析与优化策略的制定

农产品直播带货的数据分析本质上是为了更加科学和精准地了解直播带货所使用的各种方式策略对实际的农产品销售产生的影响。为此,我们对农产品直播带货的数据分析需要朝着两个主要方向进行策略优化。

一、保证条件和因素的分析独立性

传播学的传播效果研究始于20世纪40年代,随着传播研究的发展日渐成熟,研究人员非常重视各种不同"中介因素"对传播效果的影响,而不是简单地把传播行为和传播效果关联起来,于是诞生了有限效果论和此后进一步修正的宏观效果论等传播效果理论。同理,作为一种商品营销传播的效果研究,必须考虑到商品营销的最终结果是在各种条件和因素的共同作用下形成的,并非任何一项单独的条件因素都与最终的结果存在着直接、密切、正向的关联,所以在制定和优化数据分析策略时,最需要避免的就是将各种条件和因素混为一谈,随意将条件因素和效果进行粗略挂钩,并导致分析结论失准。

例如,在广告效果研究上就绝对不能简单地使用一种将商品销售量的数据和广告投放行为、广告投放量,以及广告内容直接关联的思维方式,因为在广告推广以外那些商品销售相关的其他"中介因素"的影响会很容易被这样的思维简单粗暴地抹去。早期的脑白金广告,其成功仅仅只有一句"洗脑"的广告词,其余广告内容和形式其实都没有高于当时电视商业广告的平均水平。但伴随着脑白金产品的销量猛增,有不少人简单地将脑白金的销量和广告内容挂起钩来,一时间脑白金广告曾被认为是成功广告创作的典型。然而随着广告研究更加严谨和深入,才发现脑白金真正成功实现销售猛涨的原因是在同类产品当中广告投放量最大,在那个传媒远没有现在发达的年代,脑白金用广告的大量投放营造了自己是有名品牌的效果,再加上脑白金说是保健品但销售的本质是礼品,送人的礼品很多时候面子比实用更有价值,所以通过电视广告塑造名牌保健品形象让脑白金成为同类产品送礼时的首选。脑白金的广告内容除了让人印象深刻的广告词以外,而在其他方面可以说一无是处。所以后来的脑白金广告不断优化广告内容和创意,但始终保留的只有原广告词的核心成功点——上口的节奏和落脚到脑白金三个字的强调感。

当我们明白商品销售分析需要尽可能精准分析到各种不同条件因素所形成的影响时,就可以确定农产品直播带货的数据分析同样作为一种商品销售分析,在进行数据分析和优化时是需要尽可能细化直播带货效果产生依赖的各种"中介因素",才能更加精准有效地分析直播带货中的各种因素分别对农产品销售的结果带来了哪些效果。分析的基础仍然是在有变量产生影响后对比结果,判断变量对结果的影响力大小。为了使"中介因素"的分析做到尽可能精确,那么进行对比的样本要尽可能控制发生变化的变量数量最少,变量和结果的变化程度最大。变量数量最少便于明确是哪一项变量的变化带来结果的变化;变量和结果的变化程度最大则便于让结果的差异性更加明显,能和变量变化之间产生关联。

二、数据统计的精细化、系统化处理

为了更好地对农产品直播带货中单个条件因素对传播效果、销售结果的影响进行分析研究,我们就需要将数据文本的统计以及收集整理进一步精细化和系统化处理。精细化指的是农产品直播带货的数据分析需要更详尽和细致的数据类型和数据项目;系统化则指的是农产品直播带货的数据分析不能只是罗列庞大的数据统计,而是要让各种数据支撑有的放矢,各种数据之间要形成关联,形成一个有结构的、能支撑分析结论的数据系统。现在大数据时代已经可以从各方面统计更加全面和更加细节的数据,这使农产品直播带货时的数据分析研究有了更好的操作条件。那么在优化数据分析的策略时,最直接的就是从各个不同角度去细化比较数据产生的变化。这类似于篮球比赛的技术统计,20世纪80至90年代球员技术统计一般只能把得分、命中率、篮板、助攻等关键数据记录下来,但这些数据并不能完全客观反映一个球员的场上贡献,比如一个球员可能全场得0分,但他把对位的对方队员也防得很难得分,或者一个球员防守对方投篮,虽然没有直接碰到对方投出的球,盖帽的技术统计上看不出数据,但对方投篮受干扰后没有进也是他的防守贡献。新世纪以后篮球比赛的技术统计越来越丰富和全面,比如某位球员在场上的时间段内球队赢了或者输了多少分可以直接看出他在场上的重要性;或者对方某位球员在面对这位球员防守时命中率是多少,面对其他球员防守时,命中率又是多少,对比就能看出这位球员的防守效率高低。农产品直播带货的数据分析优化策略也应该是这样的一个发展方向。不能一直停留在简单的销售额、下单量、直播间在线观看人数、直播互动评论数、主播的粉丝数量人气、买家评价等基础性的数据,包括回购率、退货率、不同季节的销售情况、卖家和买家分别的地区分布占比及买卖双方地区占比的相关性等,都应该成为数据统计的精细化和系统化必要的统计范畴。

明确了各种参数类别之后,我们要考虑到针对单个的"中介因素"对比该因素在不同时间销售结果和其他受众反应性结果的变化,那么则要细化到特定场景设置下各项数据是怎样,特定主播类型或人选下各项数据是怎样,特定直播时段各项数据是怎样,特定农产品类型的直播带货各项数据是怎样……在针对特定变量状态搜集数据时,遵循"进行对比的样本要尽可能控制发生变化的变量数量最少,变量和结果的变化程度最大"的原则,搜集用来对比的两组数据需要尽量保证其他因素不发生明显变化,且两组数据中特定变量和最终结果数据要有明显差别。这样就可以针对这项特定变量对比出该变量对最终的销售结果或者其他受众反应性结果产生的影响是多是少。在这个基础之上,如果能做到数据更加充分,则能够收集多次这样针对特定变量的不同数据,那么对该变量对销售结果和其他受众反应性结果影响的分析可以通过更多的数据文本的重叠尽量排除偶然因素造成的结论偏差,更加精确地反映特定变量数据和结果数据之间的变化关联。

　　农产品直播带货本质上就是一种通过新媒体的大众传播进行销售的活动,它符合传播学的基本规律。传播学的学科中,无论哪种传播研究模式,都将传播过程分解为不同的传播要素,最终所研究的落脚点都是这些要素单独对传播效果产生的影响是怎样。农产品直播带货的数据分析也是这样,无论用怎样的视角展开,将农产品直播带货的条件因素分类和归纳成为哪些关键点,最终也都是以研究单个因素对传播效果——也就是销售结果(也包括对销售结果有直接或间接影响的其他受众反应性结果)产生的影响为最终落脚点。只要沿着这个思路去优化和细化数据分析的策略,必然能将农产品直播带货的效果分析做得更加全面、系统、细致、准确。

第三节

农产品直播带货的未来展望与趋势分析

农产品的直播带货在整个直播带货行业中算发展相对较晚,是各方面上升空间都还比较高的一个类型。所以在未来发展中,农产品直播带货必然还会发生不小的改变。

农产品直播带货在整个直播带货行业里的影响力目前还明显不如其他类型商品,形成这种情况有几方面原因。第一,农产品直播带货起步较晚,各方面成熟度还不算很高,还没有足够资源来扩大影响力;第二,农产品直播带货对物流的要求高,只有其他电商发展提升物流运输水平后,农产品直播带货才有足够好的物流基础;第三,农产品的购买人群遍布青年、中年、老年群体,而现今影响力大的直播带货领域大多处于以青年、中年群体集中购买的范围,虽然老年群体已经开始逐渐接受互联网购物的影响,但比起青年、中年群体,老年人对直播带货的接纳度与使用度还是远低于青年和中年群体,于是农产品更宽泛的受众面反而淡化了其群体属性,影响力的扩大也由此受到了限制。所以,农产品直播带货未来发展趋势最主要会体现在追逐同行业其他商品类型直播带货的步伐。同行业其他商品类型直播带货在各方面成功打样,对农产品直播带货有着天然的发展方向引导作用。

由于是从行业的后置位去追逐前置位的步伐,所以其实我们可以把农产品直播带货未来的发展用一个核心词来概括——更专业。前文我们已经说到当下的农产品直播带货在很多方面的操作其实都采用的是最低成本、低门槛的方式,这样的操作方式不可避免地带来一种"粗糙"的结果。在农产品直播带货当中,场景的设置是"粗糙"的,构图运镜的方式是"粗糙"的,主播的表达相对于多数其他直播带货整体也是相对"粗糙"的,甚至有时候运营方式也是比较"粗糙"的。随着农产品直播带货的发展,内卷的加深,这种"粗糙"感会越来越不满足受众需求,也越来越难以在内卷中生存,这要求农产品直播带货朝着更加专业化的方向前进。主播和直播团队要解决的是农产品直播带货的"脸面"问题,他们的专业性需要不断提升是毋庸置疑的。拥有更专业的主播和直播团队将为农产品直播带货带来更好的直播间效果,无论是直播间视觉的包装,还是主播语言在听觉上给观众传递信息时的感觉,都会比单纯走低成本、低门槛的路线要更容易吸引观众,也能给观众更好的观看体验。同时农产品运营团队也需要更加专业,不能仅仅只是将农产品的售卖从线下搬到线上,或是从互联网商城搬到直播里,而是要最大化利用直播带货的传播优势,同时针对农产品自身特点和直播带货观众不能直接亲自感受产品的味道、触感等信息的媒介条件,甚至针对直播带货所使用的平台特征和平台规则,制定针对该农产品的营销策略。这些绝非一个传统的农产品卖家学会了上网就能实现的,需要专业的团队制定策略并执行。

在变得"更专业"的路上走下去,农产品直播带货也必然能够逐渐打造自身的品牌效应。目前农产品直播带货的品牌效应基本只在农产品本身的品牌上,而且很多时候品牌主要建立在地域性而非商业性上,如阳澄湖大闸蟹、广西砂糖橘等。这些其实不能算是真正意义的商业品牌效应,也与互联网销售没有特别明显的直接关系。农产品直播带货未来的品牌效应应该着眼于两个方面去打造:第一是主播和直播团队,尤其是主播作为直播带货的台前人物发挥意见领袖的效力,更容易成为品牌标志。通过主播的个人魅力和带货专业性,辅以直播间影像构建的一些特定风格,吸引受众,并逐渐积累受众的信任,让主播和直播团队成为被受众所认可的带货者,通过受众的信任和认可,围绕主播和直播团队的品牌发展更多类型农产品的直播带货。第二是品牌打造在于农产品的售卖商家。这个商家可以是专门的销售团队,也可以是农产品本身的生产者在营销工作者辅助下形成的运营团队,无论哪一种,都应该和直播团队是分开独立的。随着农产品直播带货"更专业"的发展要求,"术业有专攻"的道理必然要求直播团队和运营团队分家,各自负责好各自板块的工作,于是那种农民完全靠自己播自己卖的情况在未来会逐渐减少,运营团队要从自家农产品运营的角度打造属于自己的品牌特色。这种品牌就会属于商家自身,而不是简单打造某一个地域的某一种农产品的名气。

农产品直播带货在未来的发展趋势是向上的,但这个过程中要克服的问题也是客观存在的,其中有些是整个直播带货行业的共性问题。由于直播带货产品的性价比相对较高,农产品直播带货也会受其影响,吸引越来越多的顾客。顾客的大量增加会导致订单增多,未来某个农产品如果出现突然火爆的情况,容易产生供不应求的情况,若不及时处理缺货问题,则容易失去客源,影响信誉;若处理及时,则可以吸一波粉丝,有利于下一次直播带货的效果。此外,农产品的销售量日益增加的同时,其他一些非农产品可能会加入农产品直播带货混淆视听,农产品直播带货的内容纯粹性会发生变化。本身直播带货的商品跨类型不是什么大的问题,但因为涉及国家"三农"政策和乡村振兴战略对农产品直播带货起到的助推作用,那么就要考虑对"是否有其他不符合政策标准的商品蹭农产品的政策保护"这个问题进行监管。

除了直播带货的共性问题以外,也有一些是农产品作为商品类型所带来的局域性问题。农产品直播带货的商品中有很大占比是食物,并且相对于副食品加工后的产品,像蔬菜、水果等在内的一些农产品存在自身容易损坏或在短时间腐烂变质的问题,也更容易在运输途中出现折损问题,从而导致顾客收到的农产品不完整或者损坏。那么对于农产品直播带货的后续运输中如何通过包装解决农产品运输折损问题;如何应对收货地距离发货地太远,运输时间长而引起的农产品变质,或是气温等原因造成农产品腐烂或冻坏等问题;如何在现有的物流条件下将农产品的运输损失降到最低,减少对消费者和卖家双方的损失;如何规范售后服务等,这些都将是接下来农产品直播带货需要去解决的问题。

现如今有许多直播间邀请明星艺人代言产品,参与到各种直播带货当中,或者打造自己的网红主播增加直播带货影响力,虽然在农产品直播带货中还比较少见,但未来的农产品直播带货也极有可能更多地出现这种现象。那么连带会出现的问题,比较简单且容易解决的是如何让明星艺人和农产品销售的结合不产生太强的违和感。这就需要在直播间的影像设计上去做文章,所以农产品直播带货也正如前文所讲那样需要在影像构建上进一步提升。相对复杂一些的问题,最突出的就是农产品直播带货无论对于明星艺人还是网红带货主播,可能都比其他产品的带货直播存在更大的口碑风险。问题的复杂性在于从农产品的角度看,无论种植、养殖还是其他农业形式,其农产品产出绝大多数都会受到气候等自然因素的巨大影响,也就是说农产品相对于工业化生产出来的商品存在巨大的质量不稳定性;同时从直播带货行业自身规律来看,参与直播带货的明星艺人和网红带货主播都需要尽量规避带货口碑的风险,农产品因为不可抗力导致的质量不稳定对于明星艺人和网红主播来讲都是需要规避的风险;再加上农产品口味不能被客观标准量化,人与人之间的口味差异也会增加,这进一步增加了明星艺人和网红主播口碑风险的不可控性,这就形成了行业规律在农产品自身特性所带来的问题上又补上了一刀的现象。然而明星艺人的参与和网红主播的培育整体上是不可逆的发展趋势,要解决这个问题还需要直播带货行业整体环境的变化,受众对于农产品这样的特殊商品有特定的认知,对产品自身风险所带来的明星艺人与网红主播形象所受影响的接受程度等发生改变以后,农产品直播带货风险所带来的负面效应降低,才能给明星艺人与网红主播在农产品直播带货中留出更大的生存空间。

  行业成长的过程需要解决很多问题,这些都是必经之路,但无论需要突破什么样的局限,在农产品直播带货背后,新媒体和电子商务的高速发展始终是其持续走向成熟的基础条件。当今世界拥有了信息化、数字化、互联网化的产物,传播技术决定传播环境,传播环境决定信息交互方式,而直播带货正是普通商品通过特定商业信息交互推动购买行为的热门形式。与此同时,农业生产与城乡一体化发展,又成为农产品直播带货在社会层面的助推力。自2005年党的十六届五中全会提出"扎实推进社会主义新农村建设"和2017年习近平总书记在党的十九大报告中提出实施"乡村振兴"战略以来,国家大力推动农业产出,这决定了社会需要农产品直播带货为农村经济的发展保驾护航。一方面有技术支持作为基石,另一方面有国家发展需求和政策助推,注定农产品直播带货会持续拥有发展上升的动力。从产业到关联行业,从产品到信息传播,农产品直播带货必然会随着中国农村、农业的发展,以及信息化社会的成熟拥有更广阔的市场,更庞大的产业群,更系统化的运作模式,更远大的未来。